元・給食の先生がおしえる

ワンパン健康食堂

さくらい ゆか

JN070711

宝島社

はじめに

はじめまして。管理栄養士のさくらいゆかです。

保育園の給食の先生として、給食・離乳食・おやつ・夕食の献立作成や調理、アレルギー対応や食育等を経験した後、育休中に勤務先の閉園が決まったことを機に退職しました。そこから料理のSNSを始めたことによりたくさんのご縁をいただき、今回レシピ本を出版することになりました。

家族にはおいしいものを食べてほしい。
体にいいものを食べてほしい。
だけど毎日凝ったものを作る時間はないし、その時間を生み出す気力もない。

保育園で聞いていた、ママたちのリアルな迷いや悩み、また子育てしながら仕事をしていた私もママたちと全く同じ状況でした。

そんな私が皆さんにお伝えしたいのは、

それでも料理はできる！
フライパンさえあればこんなにできる！

ということ。

「先生、これおかわりしたい！」
「普段食べない食材も、子ども自ら食べてくれました」
「ママ、これ明日も食べたい！」

そんな声が聞こえてくるレシピだけを集めました。
この本に出てくるのは、実際の給食で作っていたレシピやSNSで配信したレシピ、またわが家の家族に人気の味だけ。
毎日のごはん作りをがんばりすぎていた私たちの肩の力が抜けるような、そんな作りやすいレシピばかりを集めています。

難しいことはないけれど、少しだけがんばればグッとおいしくなるポイントは惜しまずに。「おいしさ・手軽さ・栄養」を全部叶えて、家庭料理で家族も自分もハッピーになれたら最高です！

さくらい ゆか

CONTENTS

この本の使い方

- ●小さじ1は5ml、大さじ1は15mlです。
- ●少々：親指と人差し指の2本で軽く摘んだ量、ひとつまみ：親指、人差し指、中指の3本で軽く摘んだ量のことを指します
- ●火加減はレシピに忠実にしていただくと、失敗しにくいです。
- ●野菜や肉の下処理は特に記載のないかぎり済ませています。
- ●フライパンはフッ素樹脂加工のものを使っています。
- ●鶏モモ肉は1枚280g、鶏むね肉は1枚280g（皮なし240g）で栄養計算をしています。
- ●栄養価表記は「日本食品標準成分表2020年版（八訂）」に基づき算出しています。
  こちらに記載のない食品については、公式サイトまたは推定値に基づき算出しています。
- ●各レシピの調理時間は漬けおき時間などは含まず、作業にかかる目安時間です。
- ●調味料を入れる順番はP134を参考にしてください。

私のいつもの味を作るもの

調味料を選ぶ基準は「おいしい」「体にいい」「手軽」の3つです。近所で常に買えて高価すぎず、シンプルな材料を使用しているものです。

よく聞かれるお砂糖は、てんさい糖や素焚糖（すだきとう）を使用しています。てんさい糖にはオリゴ糖が含まれお腹に優しく、すっきりとした甘さなので、料理がしつこくなりません。素焚糖はミネラルが豊富でコクがあるので照り焼きや煮物に使うのがおすすめです。

酒は塩の入っていない日本酒を。みりんは本みりん。お酢は米酢です。米酢は穀物酢よりツンとしにくいのでドレッシングにしても食べやすいです。しょうゆは大豆・小麦・塩のみを使ったもの。みそも米・大豆・塩が原料のシンプルなものがいいですね。手作りのみそを混ぜて使うこともあります。

にんにく・しょうがは生のものがやっぱり味も香りもおいしく仕上がります。チューブタイプのものを使う場合は、塩分や調味料が加わっているのでレシピに記載している調味料の量を加減して味が濃くなりすぎないようにしてください。

ワンパン料理の
すばらしさよ。

キッチンが狭くても二人で調理ができる

　元々ワンパン調理を始めたきっかけは息子がキッチンでお手伝いをするようになったこと。調理台で息子が作業すると私のスペースはガス台の前だけ。3歳児が「サラダを作りたい」と言った日には、野菜を洗って材料を切って盛りつけ、お皿を選んでドレッシングに悩む。

　約20分の間に、包丁を使う様子を横目で見ながら、主食と主菜と汁物を作りたい。そのためには、ガス台の前だけでいかに効率よく作業するかが勝負です。

　今は省スペースでの作業を身につけたおかげで、息子、娘、私の3人での同時調理もできるようになりました。

フライパンは
ボウルでありバット。
ときに、まな板

　フライパンは傷をつけなければ何をやってもいい！ フライパンは
加熱調理するためだけのものという今までの常識をいったん忘れて、
衣をつけるバットの代わりにしたり、食材を混ぜ合わせるボウルの代
わりに活用し始めました。

　そもそもどうしてバット使ってたんだっけ？ というところに立ち
返ってみると、一度に大量の調理をする給食や大家族でキッチンが広
かったならば、やっぱりバットが便利。私も、保育園の管理栄養士と
して給食を作っていたときは、バットを活用していました。だけど核
家族なら……？ 3人家族なら……？ まな板だってそう。狭いキッチ
ンで大きなまな板にスペースを取られるくらいなら、キッチンバサミ
だっていいんじゃない？

　使う調理器具が減ると、洗い物の時間も洗剤も水も減らせて最高！
ひき肉をこねた後のヌルヌルボウルともさようなら。洗い物に使って
いた時間を息抜きに使えたらもっと最高！ そう思いませんか？

　こんなにすべてのことができる調理器具って他にありますか？
さらに素敵なのは、いつでも近所のスーパーで買えちゃうほど身近な
ところ！

　保育園で働いていたころは、焼く・ゆでる・蒸す・揚げるという工
程はすべてどーんと一気にできるオーブンでやっていました。だから
私はオーブン調理にも慣れていて大好きです。だけど、家族の分をパ
パッと作るにはフライパンがやっぱり使いやすい。私は、中でも扱い
やすいフッ素樹脂加工のものを主に使っています。

炒める、焼く、煮る、炊く、揚げる、蒸す。なんでもできる便利感！

　ワンパン料理のすばらしさよ。

肉料理 編

鶏のねぎだく焼き

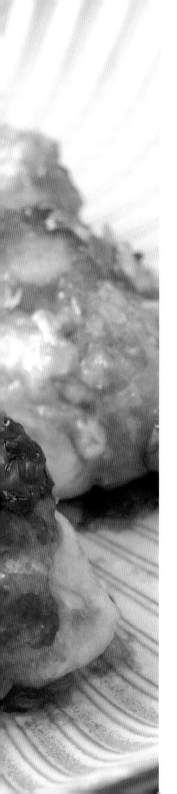

1人分

エネルギー	306kcal
たんぱく質	24.6g
脂質	18.9g
糖質	5.0g
食物繊維量	0.9g
食塩相当量	1.4g

調理
約**10**分

しっかりした味付けでご飯もお酒もすすむ鉄板おかず。レシピ動画のコメントでも大人気でした。漬け込んでから冷凍保存、食べる前日の夜に冷蔵庫で解凍し、朝は焼くだけの状態にしておけばお弁当にも大活躍。万人受けの甘辛味です。

材料(2人前)

鶏もも肉……………………………1枚
長ねぎ………………………………1/2本
★にんにく(すりおろし)…………1かけ分
★しょうが(すりおろし)………小さじ1
★片栗粉…………………………大さじ1/2
★塩…………………………………少々
○しょうゆ………………………大さじ1
○みりん……………………………大さじ3/4

作り方

1. 長ねぎは粗みじん切りにする。鶏肉はキッチンバサミで十字に4等分に切る。

2. 冷たいフライパンに**1**と★を入れて揉み込む。

ギュッギュッと20回ほど揉み込めば、漬け置き時間なしでも充分味がしみます。

3. 皮目を下にして弱火にかけ、焼き色がついたら裏返し、○を加えてふたをして蒸し焼きにする。

4. 鶏肉に火が通ったら中火にして全体を絡める。

鶏ひき肉の
チーズ入り香草焼き

エネルギー	264kcal
たんぱく質	18.1g
脂質	18.4g
糖質	3.2g
食物繊維量	0.4g
食塩相当量	1.5g

調理
約10分

材料を混ぜて焼くだけの2ステップ！ おしゃれな味に仕上がるから、人が集まったときにもおすすめ。サクッと作れるレシピです。パンにもワインにもよく合うし、サンドイッチの具にもおすすめ。

材料(2人前)

- ★鶏ひき肉……………………………180g
- ★ピザ用チーズ………………………40g
- ★塩………………………………………小さじ1/4
- ★こしょう……………………………少々
- ○パン粉…………………………………大さじ3
- ○パセリ、オレガノ等……………大さじ1
- 油…………………………………………大さじ1/2

作り方

1. 冷たいフライパンに★を入れてこねる。1cm程度の厚さに丸く成形し、フライ返しなどで放射状に軽く切り込みを入れる。

フライパンをボウル代わりに。ひき肉の脂がフライパンに付着することで、焼くときの油は最小限でOK！

2. ○を1の上にふり、フライ返しでぎゅっと押し付け、油を回し入れる。中火にかけてふたをして焼く。

3. 焼き色がついたらそっとひっくり返し、裏にも焼き色をつけ、お好みで黒こしょうをふる。

ささみのペペロン風

1人分	
エネルギー	259kcal
たんぱく質	36.0g
脂質	8.0g
糖質	3.5g
食物繊維量	0.7g
食塩相当量	1.2g

調理
約**10**分

低カロリーで高タンパク、ダイエット中にも積極的に食卓に取り入れたい食材の鶏ささみを使ったおかずです。ゆっくりと蒸し焼きにすることで、パサつかずにふっくらやわらかい仕上がりになります。ざっくりとほぐしてゆでたスパゲッティとあえると主食に変身！

材料（2人前）

鶏ささみ………………………………	6本
★塩………………………………………	小さじ1/4
★こしょう………………………………	少々
小麦粉…………………………………	大さじ1
○にんにく（すりおろし）…………	1かけ分
○赤とうがらし（輪切り）…………	1本分
○オリーブオイル…………………	大さじ1
パセリ…………………………………	少々

作り方

1. ささみはキッチンバサミで筋を取り、★をなじませる。

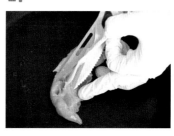

筋の上の肉に切込みを入れて筋を出す→筋をギュッとつかみ肉との間にハサミを入れて切り離す。キッチンばさみを使えば、フライパンの上に刃が当たらず作業できるから◎。

2. フライパンの中で**1**に小麦粉をはたき、○を入れて中弱火で焼く。

3. ささみの縁が白っぽくなってきたら裏返し、ふたをして弱火で焼く。中まで火が通ったらきざんだパセリをふる。

タンドリーチキン風

エネルギー	315kcal
たんぱく質	25.5g
脂質	19.4g
糖質	7.1g
食物繊維量	1.8g
食塩相当量	1.7g

調理
約**10**分

給食で子どもたちにも人気のあった、カレー味の鶏肉おかず。ヨーグルトの乳酸菌としょうがのジンギパインは肉をやわらかくする力があります。時間に余裕があれば一晩漬けておくと一層やわらかく仕上がります。下味冷凍もOK。焦げやすいので火加減は守って。

材料（2人前）

鶏もも肉	1枚
玉ねぎ	1/2個
にんにく（すりおろし）	1かけ分
しょうが（すりおろし）	小さじ1
プレーンヨーグルト（無糖）	大さじ2
トマトケチャップ	大さじ1
しょうゆ	大さじ3/4
カレー粉	小さじ1
塩・こしょう	各少々
レタス	100g

作り方

1. 鶏肉はキッチンバサミで食べやすい大きさに切る。玉ねぎは薄切りにする。

2. ポリ袋にレタス以外のすべての材料を入れて揉み、冷蔵庫で15分以上置く。

3. 冷たいフライパンに**2**を並べ入れ、ふたをして中弱火で蒸し焼きにする。

4. 鶏肉に火が通ったら大きめにちぎったレタスとともに器に並べ、フライパンに残ったたれを煮詰めてかける。

豆腐の
しそいそべつくね

1人分	
エネルギー	342kcal
たんぱく質	23.4g
脂質	20.0g
糖質	9.3g
食物繊維量	1.5g
食塩相当量	1.4g

調理
約**15**分

ふわふわやわらかく、食欲が落ちた日でもあっさりと食べられる
おかずです。しそを省き、タレを絡める前に取り出せば赤ちゃん
の手づかみ食べにも。ひき肉の動物性たんぱく質と、豆腐の植物
性たんぱく質が両方入り、お互いの持つ力を補い合います。お弁
当にもおすすめ。

材料（2人前）

★鶏ももひき肉	……………………	240g
★木綿豆腐	……………………	150g
★片栗粉	……………………	大さじ1
★塩・こしょう	……………………	各少々
青じそ	……………………	6枚
焼き海苔	……………………	1枚(全形)
油	……………………	大さじ1/2
水	……………………	大さじ1
○しょうゆ・みりん・水	…………	各大さじ3/4
○砂糖	……………………	小さじ1と1/2

作り方

1. 冷たいフライパンに★を入れてこねる。6等分の俵形に
して青じそと6等分に細長く切った海苔を巻く。

2. 1をフライパンに並べ、油を回し入れて中火で焼く。焼
き色がついたら裏返して水を加え、ふたをして弱火で
蒸し焼きにする。

3. 中まで火が通ったら○を加え、両面に煮絡める。

ささみの
はちみつみそ焼き

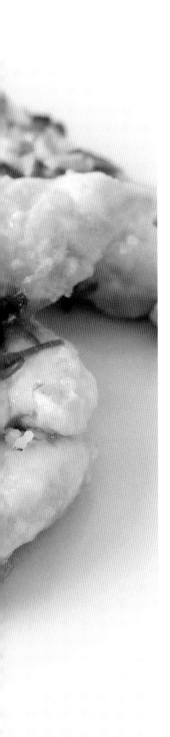

調理
約**10**分

1人分	
エネルギー	249kcal
たんぱく質	24.7g
脂質	7.8g
糖質	12.9g
食物繊維量	0.8g
食塩相当量	1.4g

家族に「あのささみのおいしいやつ作って！」と言われる大定番おかず。はちみつとみそその甘みとコクで、淡白なささみもこっくりとした味わいに。ささみの代わりに鶏むね肉や白身魚の切り身でもOK！ しっかりめの味付けなので、お弁当に入れても喜ばれます。

材料（2人前）

鶏ささみ	4本
青ねぎ	1/5束
★酒	大さじ1/2
★塩	少々
片栗粉	大さじ1
油	大さじ1
○はちみつ	大さじ1
○みそ	大さじ1
○水	大さじ1

作り方

1. ささみはキッチンバサミで筋を取り、冷たいフライパンの中で★をなじませる。青ねぎは粗みじん切りにする。

2. ささみに片栗粉を両面にはたいて油を回し入れ、ふたをして中弱火で焼く。

3. ささみの縁が白っぽくなったら裏返し、○を絡めて、中に火が通るまで再度蒸し焼きにする。

4. 青ねぎを加え、全体を絡める。

鶏むね甘辛スティック

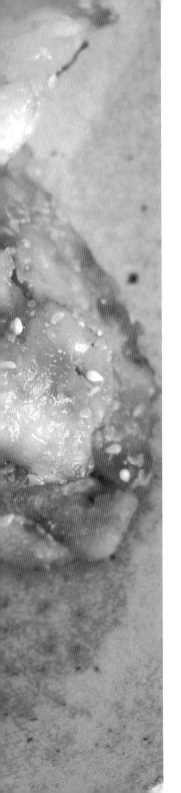

【1人分】

エネルギー	221kcal
たんぱく質	24.1g
脂質	6.9g
糖質	7.9g
食物繊維量	0.5g
食塩相当量	1.6g

調理
約**10**分

お総菜売り場や冷食コーナーでよく見るあのおかず。きっとみんな一度は食べたことのある甘辛チキンも揚げずにワンパンで。片栗粉をはたくことでたれが絡みやすく、保水効果も相まってパサつきがちな鶏むね肉もしっとりやわらかく仕上がります。安定の推しレシピ。

材料（2人前）

鶏むね肉（皮なしのもの）…………1枚
★酒……………………………………大さじ1/2
★塩……………………………………ひとつまみ
★こしょう……………………………少々
片栗粉…………………………………大さじ2
油………………………………………大さじ1
○白いりごま…………………………小さじ2
○しょうゆ……………………………小さじ2
○みりん………………………………小さじ2
○砂糖…………………………………小さじ1

作り方

1. 鶏肉はキッチンバサミで縦にスティック状に切り、★を揉み込む。

鶏むね肉は切り方次第でやわらかくしっとりと仕上がります。ここでは繊維（うっすら見える白っぽい線）を残すように縦に切り、しっとり食感に仕上がる工夫を。逆に時短したい、やわらかく仕上げたいときは繊維を断ち切って。加熱によって縮む繊維をできるだけ短くし、繊維の先から調味料を染みこませるのが目的。

2. 冷たいフライパンの中で片栗粉をはたき、油を回し入れて中火で揚げ焼きにする。

3. 鶏肉の縁が白っぽくなってきたら裏返し、ペーパーで余分な油を拭き取り、○を加えて中に火が通るまで煮絡める。

鶏肉のごまみそ焼き

1人分	
エネルギー	338kcal
たんぱく質	25.8g
脂質	22.5g
糖質	3.3g
食物繊維量	1.3g
食塩相当量	1.3g

調理 約**10**分

セサミン、セサミノール、ビタミンE、鉄分等、栄養価の高いごまですが、外皮が硬いため、むきごまやすりごまを使うと吸収力がアップします。逆に食物繊維が足りていないと感じるときは、外皮を構成する食物繊維を摂れるよう、いりごまがおすすめです。

材料(2人前)

鶏もも肉	1枚
★しょうが(すりおろし)	小さじ1
★酒	大さじ1
★塩	少々
○水	大さじ2
○みそ	小さじ2
○白すりごま	小さじ1
○砂糖	小さじ1
○みりん	小さじ1
白いりごま	大さじ1

作り方

1. 鶏肉はキッチンバサミで十字に4等分にし、冷たいフライパンの中で★を揉み込む。

2. 中弱火で焼き、縁が白っぽくなったら裏返す。余分な脂を拭き取り、○を絡めたら、ふたをして蒸し焼きにする。

3. 鶏肉に火が通ったら白いりごまを加えて絡め、鶏肉を取り出し器に盛る。

4. フライパンに残ったたれの水分を飛ばし、**3**にかける。

かぼちゃシチュー

1人分

エネルギー	353kcal
たんぱく質	15.8g
脂質	19.5g
糖質	27.5g
食物繊維量	4.6g
食塩相当量	1.1g

鶏肉と野菜のうまみで、特別な調味料がなくてもびっくりするほど濃厚な一品に。はじめに鶏肉に小麦粉をはたいておくことで、手作りルウで失敗の原因になりがちなダマにならずとろみをつけることができます。かぼちゃのつぶし具合はお好みで。

材料（2人前）

鶏もも肉………………………	1/2枚
玉ねぎ………………………	1/2個
かぼちゃ……………………	1/8個
マッシュルーム……………	4個
塩・こしょう………………	各少々
小麦粉………………………	大さじ2
オリーブオイル……………	大さじ1
★塩…………………………	小さじ1/4
★こしょう…………………	少々
○牛乳………………………	100ml
○水…………………………	100ml

作り方

1. 鶏肉はキッチンバサミで食べやすい大きさに切る。玉ねぎは薄切り、かぼちゃは3cm角に切る。マッシュルームは軸を取る。

2. 冷たいフライパンの中で鶏肉に塩・こしょうを揉み込む。小麦粉をはたき、オリーブオイルを回し入れ、中弱火で焼く。

3. 玉ねぎ、マッシュルーム、★を入れてさっと炒めたら、かぼちゃと○を加えてふたをして煮る。

4. 具材に火が通ったらかぼちゃの皮を外して身の部分をつぶし、混ぜる。

蒸し鶏の
明太アボソース

エネルギー	332kcal
たんぱく質	27.6g
脂質	17.9g
糖質	2.9g
食物繊維量	3.5g
食塩相当量	1.3g

しっとりヘルシー、ソース次第でアレンジ無限な蒸し鶏だってフライパンでOK！ 鶏むね肉を開くときは、できるだけ全体の厚さを均一にすると加熱のしすぎで固くなるのを防げます。火が通ったあとも、粗熱が取れるまでフライパンで放置するとさらにしっとりします。

材料（2人前）

鶏むね肉（皮なしのもの）…………1枚
キャベツ………………………………60g
ブロッコリー…………………………1/4株
酒………………………………………大さじ2
アボカド………………………………1/2個
明太子…………………………………1/2腹
⭐マヨネーズ…………………………大さじ2
⭐レモン汁……………………………大さじ1

作り方

1. 鶏肉はキッチンバサミで厚さ2cm程度になるように開き、酒、ひたひたの水（分量外）と一緒にフライパンに入れて中弱火で4分蒸し煮にする。キャベツはざく切り、ブロッコリーは小房に分ける。

2. 鶏肉を裏返し、キャベツとブロッコリーを加えてさらに3分蒸し煮にする。

3. アボカドはつぶしてペースト状にして、皮を取り除いた明太子、⭐を混ぜ合わせる。

4. 蒸し上がった鶏肉をざっくりと手でさき、野菜とともに器に盛り、**3**をかける。

ジーパイ風

1人分	
エネルギー	268kcal
たんぱく質	23.5g
脂質	11.9g
糖質	10.0g
食物繊維量	0.4g
食塩相当量	1.1g

台湾で人気の大きな唐揚げを家庭でも作りやすいように再現しました。よくたたくと繊維が壊れて鶏むね肉がやわらかくなります。衣に米粉を混ぜているのでザックザクの食感です。五香粉は好みが分かれるので、揚げ焼きしたあとにお好みでかけても。

材料（2人前）

鶏むね肉（皮なしのもの）…………1枚
⭐にんにく（すりおろし）…………1かけ分
⭐しょうが（すりおろし）…………小さじ1
⭐酒……………………………………大さじ1
⭐砂糖…………………………………小さじ1
⭐塩……………………………………小さじ1/3
⭐こしょう……………………………少々
⭐五香粉（ウーシャンフェン）……………………………少々
○片栗粉………………………………大さじ1
○米粉…………………………………大さじ1
油………………………………………大さじ3

作り方

1. 鶏肉は開いてたたき、1cmほどの厚さにする。

2. ポリ袋に**1**と⭐を入れてなじませ、10分置き、○をまぶす。

3. フライパンに油を熱し、**2**をフライ返しで押し付けながら両面揚げ焼きにし、仕上げにお好みで黒こしょうをふる。

きのこハンバーグ

1人分	
エネルギー	315kcal
たんぱく質	16.9g
脂質	21.0g
糖質	4.7g
食物繊維量	3.7g
食塩相当量	1.6g

肉をこねたボウルを洗わなくていいのがこのレシピの最大の魅力。ナツメグは肉の臭みをとるスパイスで、100円ショップでも買えるので、一つ持っておくと便利です。

材料（2人前）

☆	牛ひき肉………………………	210g
☆	玉ねぎ…………………………	1/4個
☆	塩………………………………	小さじ1/5
☆	こしょう………………………	少々
☆	ナツメグ………………………	少々
○	しめじ…………………………	1/3パック
○	まいたけ………………………	1/2パック
○	えのきだけ……………………	1/2袋
◍	トマトケチャップ……………	大さじ1
◍	酒………………………………	大さじ1
◍	ウスターソース………………	大さじ1/2
◍	しょうゆ………………………	大さじ1/4
	パセリ（みじん切り）…………	大さじ1

作り方

1. 玉ねぎはみじん切り、しめじは石づきを取り、まいたけはほぐす。えのきだけは食べやすい大きさに切る。

2. 冷たいフライパンに☆を入れ、白っぽくなるまでよくこねる。2等分して空気を抜きながら小判形に成形し、中央をくぼませ、フライパンに並べる。

3. 中火にかけて、肉に焼き色がついたら裏返す。

4. フライパンの空いたところに○を入れて炒める。しんなりしたら弱火にして混ぜ合わせた◍を加え、ふたをして蒸し焼きにする。

5. 中まで火が通ったらハンバーグを取り出し器に盛る。フライパンに残ったソースを煮詰め、ハンバーグにかけ、パセリをふる。

紅しょうがと
えのきの肉巻き

調理
約**15分**

1人分	
エネルギー	239kcal
たんぱく質	11.0g
脂質	13.5g
糖質	9.2g
食物繊維量	2.4g
食塩相当量	1.5g

キッチンバサミで材料を切れば包丁もまな板も不要です。甘みと酸味のある紅しょうがを巻いて焼くことで、下味代わりに。肉巻きの肉をはがれにくくするコツは55ページ参照。

材料（2人前）

牛もも肉（薄切り）………………………	120g
えのきだけ………………………………	1/2袋
青ねぎ……………………………………	1/5束
紅しょうが………………………………	20g
片栗粉……………………………………	大さじ1
油…………………………………………	大さじ1
⭐酒………………………………………	大さじ1
⭐砂糖……………………………………	小さじ2
⭐しょうゆ………………………………	小さじ2
⭐みりん…………………………………	小さじ1

作り方

1. えのきだけは食べやすい量にほぐす。青ねぎはえのきだけと同じ長さに切る。

2. 1と紅しょうがを適量ずつ牛肉で巻き片栗粉をまぶし、フライパンに巻き終わりを下にして並べる。

できるだけ隙間ができないようにギュギュッと巻く。

3. 油を回し入れて中火で転がしながら焼き色をつけ、ふたをして中弱火で蒸し焼きにする。

4. 余分な油を拭き取り、⭐を加えて絡める。照りが出るまで加熱し、2等分に切る。

牛肉と塩揉み白菜の重ね蒸し

調理
約**15**分

1人分	
エネルギー	270kcal
たんぱく質	15.9g
脂質	15.2g
糖質	4.7g
食物繊維量	2.2g
食塩相当量	1.2g

白菜をはじめに塩揉みすることで、軽く水分が抜けて加熱時間が短くなり、ガス代節約・やけどのリスクも下がります。我が家の子どもが小さく、もっと狭いキッチンだった頃に編み出した知恵。★をかけるときは上からかけて乾燥防止をしておくと硬くなりにくいです。

材料(2人前)

牛切り落とし肉………………………180g
白菜………………………………………1枚
塩………………………………………小さじ1/4(塩揉み用)
まいたけ………………………………1/2パック
★水………………………………………50ml
★酒………………………………………50ml
○酢………………………………………大さじ1
○しょうゆ……………………………小さじ2
○砂糖……………………………………小さじ1

作り方

1. 白菜は大きめのそぎ切りにし、塩で揉み、5分置く。まいたけはほぐす。

2. フライパンに白菜→まいたけ→牛肉の順に重ね、★をかけてふたをして中弱火で蒸す。

3. 白菜に火が通ったら器に盛り、○を混ぜ合わせてかける。お好みでラー油をかける。

給食の
ポークチャップ

調理 約**15**分

エネルギー	307kcal
たんぱく質	18.4g
脂質	18.5g
糖質	10.0g
食物繊維量	1.8g
食塩相当量	1.3g

ケチャップ味のポークでポークチャップ！ これを食べた息子が「給食の味！」と言っていました。玉ねぎの切り方を2種類にすることで、存在感ととろける甘さのいいとこ取り。ボリューム満点、白いご飯によく合います。豚こま肉でも作れます！

材料（2人前）

豚ロース肉（薄切り）………………	200g
玉ねぎ………………………………	1個
☆にんにく（すりおろし）…………	1かけ分
☆塩…………………………………	少々
水…………………………………	大さじ2
○酒………………………………	大さじ1
○トマトケチャップ………………	小さじ2
○しょうゆ………………………	小さじ2
○砂糖……………………………	小さじ1

作り方

1. 玉ねぎは半分を薄切り、残り半分を幅3cm程度のくし形切りにする。

2. フライパンに**1**と豚肉、☆を入れ、中弱火で豚肉をほぐしながら炒める。豚肉の色が7割ほど変わったら水を加え、ふたをして蒸し焼きにする。

3. 薄切りの玉ねぎが溶けてきたら○を加え、全体を炒め合わせる。

水晶豚の
ニラだれがけ

1人分	
エネルギー	334kcal
たんぱく質	18.4g
脂質	21.4g
糖質	14.0g
食物繊維量	1.3g
食塩相当量	1.6g

調理
約**10**分

豚肉を湯がくときはできるだけ開いて薄い状態にしたものを、何回かに分けて入れるのがコツ。フライパンにいっぱいにお湯を沸かしても、冷たい豚肉を一気に入れると湯温が急激に落ちてしまい、火の通りにムラができる原因になるからです。

材料（2人前）

キャベツ	200g
豚ロース肉(薄切り)	180g
○片栗粉	大さじ2
○塩	ひとつまみ
★ニラ	1/5束
★水	大さじ2
★酢	大さじ1と1/2
★白いりごま	大さじ1
★砂糖	大さじ1
★しょうゆ	大さじ1
★ごま油	小さじ1

作り方

1. キャベツはせん切りにして器に盛る。ニラは粗みじん切りにする。

2. 豚肉は○をまぶし、熱湯(分量外)で色が変わるまでさっと湯がき、キャベツの上にのせる。

3. ★を混ぜ合わせ、**2**にかける。

豆腐とひじきの
まんまる焼き

1人分	
エネルギー	241kcal
たんぱく質	16.6g
脂質	15.2g
糖質	5.0g
食物繊維量	1.2g
食塩相当量	1.3g

調理 約**15**分

鉄分は日本人が不足しがちな栄養素。不足すると疲れやすかったり、頭痛や息切れの原因となったりするため、毎日少しずつ意識的に摂るようにするのがコツ。しそのビタミンCで吸収力もアップ！ しそが苦手ならトマトを添えても◎。これは1人分で鉄分1.8mgと多め。

材料（2人前）

豚ひき肉	160g
乾燥芽ひじき	2g
★木綿豆腐	100g
★片栗粉	小さじ2
★塩	少々
○しょうゆ	小さじ2
○酒	小さじ2
○みりん	小さじ2
○水	小さじ2
青じそ	2枚

作り方

1. ひじきは水で戻す。

2. 冷たいフライパンに水気を切ったひじきと豚肉、★を入れてよくこねる。

3. 平たい丸形に成形してフライパンに並べ、中火で焼く。焼き色がついたら裏返し、ふたをして中弱火で焼く。

4. 中まで火が通ったら○を加えてアルコールを飛ばしながら照りが出るまで煮絡める。青じそをしいた器に盛る。

とろける
しょうが焼き

調理 約**15**分

エネルギー	246kcal
たんぱく質	18.6g
脂質	9.5g
糖質	12.9g
食物繊維量	2.7g
食塩相当量	1.6g

豚肉×玉ねぎの相性は栄養面でもばっちり。玉ねぎに含まれるアリシンは豚肉のビタミンB1の吸収を助けます。お酒としょうがを揉み込むのは、臭み消しとやわらかさを出すため。漬け時間不要でさっと作れちゃいます。保育園給食でも大人気の味付けです。

材料（2人前）

玉ねぎ	1/2個
豚もも肉(薄切り)	200g
★しょうが(すりおろし)	小さじ1
★片栗粉	小さじ2
塩	少々
○しょうゆ	大さじ1
○酒	小さじ2
○砂糖	小さじ1
○みりん	小さじ1

作り方

1. 玉ねぎは薄切りにする。

2. 冷たいフライパンの中で豚肉に★を揉み込み、広げて並べる。

3. 2に玉ねぎをのせ、上から塩をふる。

4. 中火で豚肉を焼き、焼き色がついたら火を消す。○を加えて再び中火で全体を炒め合わせる。

食べやす酢豚

1人分

エネルギー	304kcal
たんぱく質	15.3g
脂質	14.5g
糖質	17.0g
食物繊維量	3.1g
食塩相当量	1.3g

調理
約**15**分

調理がちょっと大変で、作るのに時間がかかる酢豚。でもこちらは平日の夜でも作れるくらいの簡単レシピ。薄切り肉の間に空気が含まれ、やわらか〜な仕上がりです。

材料（2人前）

豚もも肉（薄切り）……………………160g
赤パプリカ…………………………1/2個
玉ねぎ………………………………1/2個
しいたけ…………………………………2個
ベビーリーフ…………………………1袋
⭐にんにく（すりおろし）…………1かけ分
⭐しょうが（すりおろし）…………小さじ1
⭐酒………………………………………大さじ2
⭐塩・こしょう………………………各少々
片栗粉……………………………………大さじ1
油…………………………………………大さじ2
水…………………………………………大さじ2
○酢………………………………………大さじ2
○トマトケチャップ…………………大さじ1
○砂糖……………………………………大さじ1
○しょうゆ……………………………大さじ1/2

作り方

1. パプリカは2cm幅の細切り、玉ねぎは2cm幅のくし形切り、しいたけは軸を取り2等分に切る。

2. 冷たいフライパンに豚肉を入れて⭐を揉み込み、8等分して丸め、片栗粉をまぶす。

3. 油を回し入れて中火で焼く。全体に焼き色がついたら**1**と水を入れ、ふたをして蒸し焼きにする。

4. 火が通ったら余分な油を拭き取り、○を加えて炒め合わせる。ベビーリーフをしいた器に盛る。

ほっこり
五目あんかけ

1人分	
エネルギー	257kcal
たんぱく質	15.4g
脂質	14.1g
糖質	10.6g
食物繊維量	3.7g
食塩相当量	1.9g

調理
約**15**分

優しい味のあんかけもワンパンで。フライパンは表面積が広く、火の当たる面積が広いので、煮物も時短で完成します。食欲のない日でもするっと食べられ、加熱したしょうがのジンゲロンやとろみの保温効果で体もぽかぽか。たっぷり作って丼にしても最高!

材料（2人前）

豚ロース肉（薄切り）………………100g
白菜………………………………………1枚
にんじん………………………………1/2本
しいたけ………………………………1個
絹豆腐…………………………………150g
しょうが（すりおろし）…………小さじ1
油…………………………………………小さじ1/2
☆水………………………………………80ml
☆しょうゆ……………………………大さじ1 1/2
☆酒………………………………………小さじ2
☆みりん………………………………小さじ2
☆砂糖……………………………………小さじ1
水溶き片栗粉……………………片栗粉小さじ2・水大さじ2

作り方

1. 白菜は2cm幅に切る。にんじんは短冊切り、しいたけは軸を取り薄切りにする。豆腐は2cm角に切る。

2. 冷たいフライパンに豚肉、にんじん、しょうが、油を入れて絡める。

3. 中火で炒め、豚肉の色が半分ほど変わったら、白菜としいたけを加えて炒める。豚肉の色が8割ほど変わったら豆腐と☆を加え、ふたをして煮る。

4. 肉と野菜に火が通ったらいったん火を止め、水溶き片栗粉を回し入れ、ひと煮立ちさせる。

肉巻きなす田楽

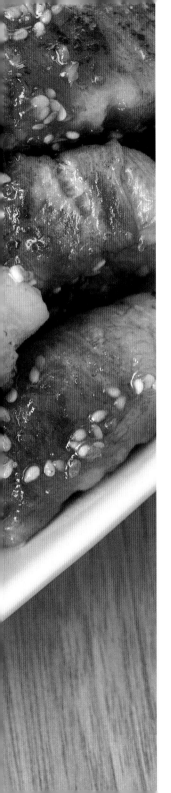

調理
約**15分**

エネルギー	322kcal
たんぱく質	10.9g
脂質	25.1g
糖質	8.7g
食物繊維量	1.9g
食塩相当量	1.2g

「具材を肉でしっかりと巻いて、粉をはたき、巻き終わりを下にして焼いているのに、肉巻きのお肉がいつも剥がれちゃう」という方は、もしかして"ひっくり返すときの向き"が原因かもしれません。くるくるっと巻いたのと同じ方向にひっくり返す。ぜひお試しを！

材料（2人前）

なす	1本
豚バラ肉（薄切り）	6枚
水	大さじ1
砂糖	大さじ1
みそ	大さじ1
みりん	大さじ1
白いりごま	大さじ1/2

作り方

1. なすは縦6等分に切り、豚肉を巻く。

2. フライパンに**1**を巻き終わりを下にして並べ、中火で転がしながら焼く。

3. 焼き色がついたら水を加え、ふたをして中弱火で蒸し焼きにする。

4. 豚肉に火が通ったら余分な脂を拭き取り、を加えて照りが出るまで煮絡める。

蒸し豚ぎょうざ

1人分

エネルギー	392kcal
たんぱく質	14.5g
脂質	31.2g
糖質	10.9g
食物繊維量	1.5g
食塩相当量	0.1g

ニラはキッチンバサミで切りながらちらしてもOK。とっても簡単なのに、家族受けもばっちり。見た目はシュウマイですが、シュウマイの皮ではなくぎょうざの皮を使うことで、満足度アップ！ もやしはキャベツ、ニラは青ねぎで代用しても。

材料（2人前）

ニラ	1/4束
豚バラ肉（薄切り）	8枚
酒	大さじ1
ぎょうざの皮	8枚
もやし	100g
水	200ml
お好みのたれ（酢じょうゆやラー油など）	

作り方

1. ニラはみじん切りにする。

2. ボウルに豚肉、酒を入れてさっと揉み、1/8量ずつぎょうざの皮で包む。

3. 冷たいフライパンにもやしをしき、上に**2**を隣とくっつかないように並べ入れ、ニラをのせる。

4. 水を注ぎ、中火にかける。ふたをして中に火が通るまで蒸す。酢じょうゆやラー油などお好みのたれを添える。

私だって
作りたくない日もあるんだ！

　ありますあります！　たくさんあります！　正確には「作りたくない」というよりは「献立を考えたくない」が大きいかも。
「今日の夕飯は何にしよう」「昨日の夕飯はこれで…」「朝ごはんはあれだったし…」「いま冷蔵庫にあるのはこれで…」「今日の子どもたちの給食はこれで…（これは見逃すことも多い。ごめんよ）」「今晩わが家で夕食を食べる人数は何人で…」「習い事の帰宅時間は何時で…」「夕食作りにかけられる時間はどのくらいあって…」こんなことを考えている時間が本当に億劫なのです。

　でも、多くの場合は結局作ります。それはなぜか。「外食や出前がもっと億劫」だからです。今でこそなくなったものの、「子ども用のスタイ持って、一応オムツの替えも持って…」「子どもたちに上着着せて…」。出前なら「お店を選んで、家族分の希望聞いて、食べそうなメニュー選んで…」「届くまでの時間にお風呂を入れたほうがいいのか入れないほうがいいのかを考えて…」この一連の動きが億劫で。
「子連れで行きやすくて、家から近くて、みんな好きなものがあって、値段も高くなくて…」というお店が徒歩圏内にないのも一つの理由かな。
　往復の時間も石を拾い始めたり、星の数を数え始めたり、いっこうにお店にはつかない。そうこうしているうちに空腹で機嫌の悪くなる人が現れ、無事に食べ終わりやっと帰宅。就寝時間も遅くなり、眠いのに眠れないぐずりが始まり…。
　すべてを考えると「やっぱり家で食べたほうがラクだな」となるのです。

　この本は「わかる～！」と共感してくれる方から、「いや、よくわかんないけど」と思う方まで使える普段使いのレシピが集まっています。
「なんにも作りたくない！」「でも諸々を考えると家で食べたい！」「失敗したくない。栄養も摂れて、味も褒められたらそれは超ラッキー！」そんな気持ちのときは、ぜひこの本からレシピを探してみてください。

魚介料理 編

ブリの
にんにくトマト煮

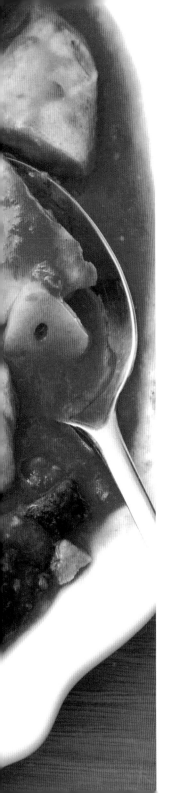

調理
約**15分**

1人分	
エネルギー	294kcal
たんぱく質	16.8g
脂質	17.5g
糖質	9.6g
食物繊維量	1.9g
食塩相当量	1.6g

血栓予防や脳の活性化を促すDHAやEPAを多く含むブリ。ブリのうまみ成分・イノシン酸と、トマトのうまみ成分・グルタミン酸が入ったトマト缶でおいしさが何倍にも膨らみます。

材料（2人前）

ブリ	2切れ
塩	少々（下処理用）
塩・こしょう	各少々
小麦粉	大さじ1
★にんにく（スライス）	1かけ分
★オリーブオイル	大さじ1
○ホールトマト缶	1/2缶
○水	50ml
○しょうゆ	大さじ1
○砂糖	大さじ1/2
パセリ	適量

作り方

1. ブリは塩をふり、10分置いてから表面の水分を拭き取る。冷たいフライパンの上でキッチンバサミで一口大に切り、骨があれば取り除く。

魚の下処理はパックにペーパーをしいて、キッチンバサミで切ってしまえばバットも不要◎。

2. ブリに塩・こしょう、小麦粉の順にまぶし、★を入れて中弱火で焼く。

3. 焼き色がついたら裏返し、○を加えて中火で煮る。

4. ブリに火が通ったら器に盛り、お好みできざんだパセリをちらす。

マダイの
わさびしょうゆ焼き

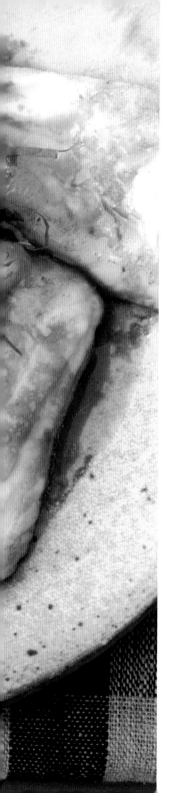

	1人分	
エネルギー		207kcal
たんぱく質		18.4g
脂質		11.4g
糖質		0.4g
食物繊維量		0.0g
食塩相当量		1.4g

調理
約**10**分

脂肪分が少なくあっさりしたタイは、その反面パサパサしがち。「パサパサになってしまうと子どもが残しがち」「飲み込む力が衰えてきた」そんな場合は、ぜひこの油絡めテクをお試しください。塩焼きの場合でも、薄く油を絡めるだけで身がボロボロになりにくいです。

材料（2人前）

マダイ……………………………………2切れ
塩…………………………………………少々（下処理用）
油…………………………………………大さじ1
★しょうゆ………………………………大さじ1
★粉わさび………………………………小さじ1/2
酒…………………………………………大さじ1
青じそ……………………………………適量

作り方

1. マダイは塩少々をふり、表面の水分を拭き取る。★は混ぜ合わせておく。

2. 冷たいフライパンにマダイを入れ、油をからめる。

薄ーくでOK。魚に薄い膜を張るイメージです。

3. 中火にかけてマダイを焼き、焼き色がついたら裏返し、余分な油を拭き取る。酒と★を加えてふたをして、アルコールが飛ぶまで蒸し焼きにする。

4. 器に盛り、お好みでせん切りにした青じそをのせる。

白身魚の
コーンクリーム焼き

1人分

エネルギー	201kcal
たんぱく質	18.9g
脂質	6.7g
糖質	3.5g
食物繊維量	1.1g
食塩相当量	1.5g

調理
約**15**分

言わずもがなの子どもウケ最高のワンパンおかず。わが家は上のソースが温まったら完成ですが、仕上げにトースターで焼き目をつけられる余裕があったらなおよし、です。余った缶詰は袋に入れて冷凍保存できます！　パセリは青のりに変えて和風にしても。

材料（2人前）

真ダラ……………………………………2切れ
塩……………………………………少々（下処理用）
○小麦粉……………………………………大さじ1
○塩……………………………………小さじ1/3
油……………………………………小さじ1
⭐コーンクリーム缶（粒入り）……100g
⭐マヨネーズ……………………………小さじ1
⭐パセリ（みじん切り）…………小さじ1/2

作り方

1. タラは塩少々をふり、表面の水分を拭き取る。

2. 冷たいフライパンにタラを入れ、○をまぶす。

フライパンの上で粉をまぶせば、粉も無駄なし！ バットに残った粉をシンクで洗って、流しが詰まっちゃうあの手間もナシ。残った粉は焼く過程で自然にパリパリッとはがれます。

3. 油を回し入れ、中弱火で焼く。⭐は混ぜ合わせておく。

4. 焼き色がついたら裏返し、上に⭐をぬり、ふたをして蒸し焼きにする。

鮭のみそバタちゃんちゃん

1人分	
エネルギー	256kcal
たんぱく質	22.0g
脂質	12.3g
糖質	4.3g
食物繊維量	2.7g
食塩相当量	1.7g

調理 約10分

オレンジ色をした鮭は、白身に分類される魚。色素成分・アスタキサンチンが筋肉にたまり、エビ・カニと同様の色になるのです。加齢とともに体内から減少する抗酸化物質の働きを助けるため、病気・老化を予防するとされていて、サプリにも使用されている成分です。

材料（2人前）

生鮭	2切れ
塩	少々（下処理用）
もやし	100g
小松菜	1/2束
塩・こしょう	各少々
☆酒	大さじ2
☆みそ	大さじ1
☆砂糖	大さじ1/2
バター	20g

作り方

1. 鮭は塩をふり、表面の水分を拭き取り、塩・こしょうをふる。小松菜はざく切りにする。

2. フライパンで鮭をさっと焼き、表面の色が変わったら端に寄せる。もやしと小松菜を空いたところに入れ、上に鮭をのせる。

3. ☆を混ぜ合わせて2に回しかける。バターをのせてふたをして中弱火で蒸し焼きにする。

鮭の焼き野菜南蛮

調理
約**15**分

1人分

エネルギー	216kcal
たんぱく質	19.6g
脂質	10.0g
糖質	6.2g
食物繊維量	1.5g
食塩相当量	0.9g

本来は生の野菜を漬け込んで、半日以上寝かせる南蛮漬け。ささっと野菜を炒めることで、たまねぎの辛味を減らして漬け時間を時短しつつ子どもにも食べやすくしています。鶏むね肉やささみ、豚もも肉、アジやサバでもOK！ なすを入れてもおいしいです。減塩中にもおすすめのレシピです。

材料（2人前）

玉ねぎ	1/4 個
ピーマン	2 個
赤パプリカ	1/4 個
生鮭	2 切れ
塩	少々（下処理用）
塩	少々
油	大さじ 1
☆水	50ml
☆酢	大さじ 1
☆砂糖	小さじ 2
☆しょうゆ	小さじ 1

作り方

1. 玉ねぎは薄切り、ピーマンとパプリカは縦細切りにする。鮭は塩をふり、表面の水分を拭き取る。冷たいフライパンの中でキッチンバサミで食べやすい大きさに切り、塩をふる。☆は全てが浸かるサイズの容器で混ぜ合わせておく。

2. フライパンに油を加え、鮭を両面こんがりと焼いたら、いったん取り出す。

3. 同じフライパンで玉ねぎ、ピーマン、パプリカをさっと炒める。☆を加えて鮭を戻し入れ、15分以上漬ける。

焼きねぎとマグロのさっと煮

調理
約**15**分

1人分

エネルギー	216kcal
たんぱく質	20.6g
脂質	8.3g
糖質	4.0g
食物繊維量	1.4g
食塩相当量	1.6g

スーパーでお買得のマグロのさくがあったらこのレシピがおすすめ！ 表面はサッとあぶる程度。お刺身用なので中はレアでOK。実はタンパク質含有量が牛肉・豚肉を上回るマグロの赤身。「お肉は胃がもたれちゃう」そんなときのたんぱく質補給にも◎。

材料（2人前）

マグロ（刺身用のさく）…180g
長ねぎ…………………1/2 本
ピーマン………………2 個
塩………………………小さじ 1/4
油………………………大さじ 1
🌸酒……………………50ml
🌸しょうゆ……………小さじ 2
🌸砂糖…………………小さじ 1

作り方

1. 長ねぎは3〜4cm長さ、ピーマンは縦2等分に切る。マグロは表面の水分を拭き取り、キッチンバサミで2等分に切る。

2. 冷たいフライパンに長ねぎとピーマンと塩を入れ、油を絡めたら、中弱火でじっくり焼く。

3. 長ねぎが中心までやわらかくなったらマグロを加え、両面を軽く焼く。

4. 🌸を加え、アルコールが飛ぶまでさっと煮る。

親子アヒージョ

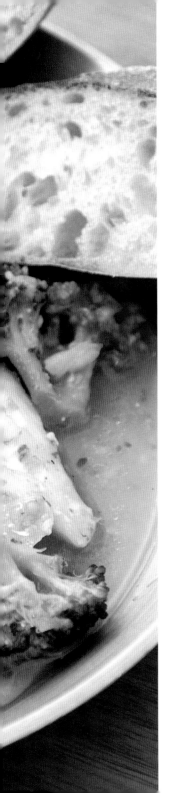

調理
約**20分**

1人分	
エネルギー	259kcal
たんぱく質	21.5g
脂質	14.9g
糖質	2.7g
食物繊維量	2.9g
食塩相当量	2.5g

淡白なタラは、意外にもアヒージョに合う食材。材料を入れて火にかけたら、あとはほとんどなにもしなくてOK！ ブロッコリーやミニトマトに含まれるβ-カロテンは抗酸化作用に期待が持てます。たらこを崩しながら食べてくださいね。

材料（2人前）

タラ	2切れ
塩	少々（下処理用）
ブロッコリー	1/3株
たらこ	1腹
ミニトマト	6個
★にんにく	1かけ
★オリーブオイル	50ml
★塩	小さじ1/4

作り方

1. タラは塩をふり、表面の水分を拭き取り、キッチンバサミで一口大に切る。ブロッコリーは小房に分ける。たらこは1cm長さに、にんにくは薄切りにする。

2. フライパンに★を入れて弱火にかける。

3. にんにくが色づいてきたら、タラ、ブロッコリー、トマトを加えてふたをし、火が通ったらたらこをのせ、お好みでカットしたバゲットを添える。

メカジキの
おかかピカタ

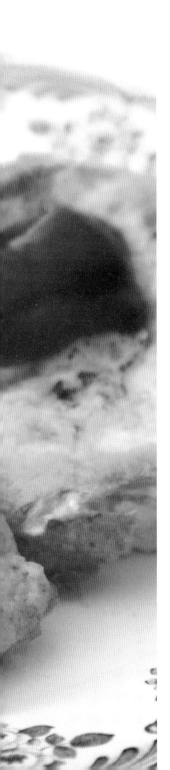

1人分

エネルギー	241kcal
たんぱく質	19.9g
脂質	12.6g
糖質	5.8g
食物繊維量	1.1g
食塩相当量	1.5g

メカジキと削り節のどちらにも含まれるうまみ成分・イノシン酸。ケチャップのグルタミン酸とかけ合わせてうまみの相乗効果を生み出します。メカジキ以外にもタラや鶏むね肉や鶏ささみでも代用OK。卵をまとわせて焼くピカタは覚えておくと重宝します。

材料（2人前）

メカジキ	2切れ
塩	少々（下処理用）
小麦粉	大さじ1/2
☆卵	1個
☆削り節	3g
☆塩	1/4
油	大さじ1/2
トマトケチャップ	大さじ1
キャベツ	100g

作り方

1. キャベツはせん切りにする。メカジキは塩をふり、表面の水分を拭き取り、小麦粉をはたく。

2. ボウルに☆を混ぜ合わせ、**1**をくぐらせる。

3. フライパンに油を中弱火で熱し、**2**を中に火が通るまで両面焼く。

4. キャベツを器に盛り、**3**をのせケチャップをかける。

揚げサバの
さっぱりだれがけ

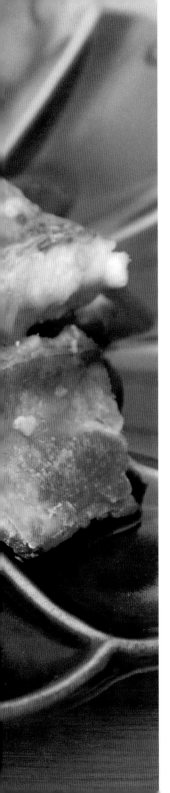

調理
約**15**分

1人分

エネルギー	225kcal
たんぱく質	13.5g
脂質	9.0g
糖質	12.7g
食物繊維量	0.8g
食塩相当量	2.0g

お手頃な値段で日々の食卓にも取り入れやすい、サバを使ったワンパンおかず。ポリ袋でしっかり下味をつけ、フライパンで粉をはたきます。このとき、汁ごと入れてしまうと衣がぶ厚くなってしまうので、魚だけ取り出して衣付けするのがコツです。

材料（2人前）

真サバ……………………3枚おろしのもの2枚
★しょうが(すりおろし)…………小さじ1
★しょうゆ…………………小さじ2
★酒…………………………小さじ1
片栗粉……………………大さじ1 1/2
油…………………………大さじ2
○レモン汁………………大さじ2
○砂糖……………………大さじ1/2
○しょうゆ………………小さじ2
長ねぎ……………………1/4本
青じそ……………………2枚

作り方

1. 長ねぎは粗みじん切り、青じそはせん切りにする。サバは表面の水分を拭き取り、キッチンバサミで一口大に切る。ポリ袋に★とサバを入れ、10分ほど漬ける。

2. 冷たいフライパンの上でサバに片栗粉をまぶし、並べたら油を回し入れ、中火で揚げ焼きにする。

3. 器に盛り、混ぜ合わせた○をかけ、長ねぎと青じそをのせる。

紅しょうが入り
はんぺんつくね

1人分	
エネルギー	228kcal
たんぱく質	10.5g
脂質	11.1g
糖質	9.3g
食物繊維量	0.7g
食塩相当量	2.6g

フライパンにすべての材料を入れて混ぜたらあとは焼くだけ。成形する気力がない場合は、17ページの「鶏ひき肉のチーズ入り香草焼き」のようにドーンとそのまま焼いてもOK！ はんぺんに元々味がついているので、少しの調味料を足したらあとはソースいらずです。

材料（2人前）

はんぺん……………………………………	2枚
紅しょうが…………………………………	20g
青ねぎ………………………………………	1/4束
マヨネーズ…………………………………	大さじ2
片栗粉………………………………………	大さじ2
しょうゆ……………………………………	小さじ1/2

作り方

1. 青ねぎは小口切りにする。

2. 冷たいフライパンにすべての材料を入れ、はんぺんをつぶしながらこねる。

3. 4等分にして平たい丸形に成形し、中弱火で焼く。焼き色がついたら裏返し、水大さじ1（分量外）を加え、ふたをして蒸し焼きにする。

厚揚げエビチリ

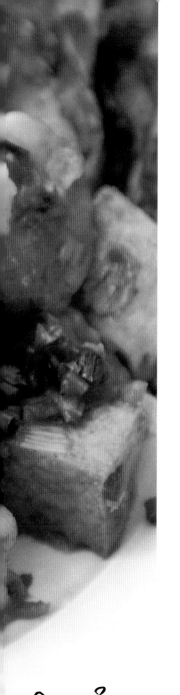

調理
約**15**分

エネルギー	311kcal
たんぱく質	23.7g
脂質	14.0g
糖質	9.6g
食物繊維量	2.4g
食塩相当量	1.9g

「エビチリたくさん食べたいけど、やっぱりエビはお高い……」そんなときは、厚揚げを使っておいしくかさましを。下処理が終わったらあとはもうできたも同然。炒めて調味料を絡ませるだけ。しっかり味のたれで白米も生野菜もお酒もすすみます。お弁当にもOK！

材料（2人前）

むきエビ	200g
厚揚げ	130g
片栗粉	大さじ1
☆長ねぎ	1/4本
☆にんにく（すりおろし）	1かけ分
☆しょうが（すりおろし）	小さじ1
☆油	大さじ1
○水	50ml
○酒	大さじ2
○トマトケチャップ	大さじ1
○酢	大さじ1
○しょうゆ	小さじ2
○砂糖	小さじ1/2
○豆板醤 トウバンジャン	小さじ1/4
サニーレタス	3枚
青ねぎ	1/5束

作り方

1. エビは酒大さじ1（分量外）をまぶして洗い、背ワタを取ったら、片栗粉をまぶす。

2. 厚揚げは2cm角に切り、余分な油を拭き取る。長ねぎと青ねぎは小口切りにする。

3. フライパンに☆を入れて弱火で熱し、香りが立ってきたらエビと厚揚げを入れて、中弱火で炒める。

4. エビに8割ほど火が入ったら、混ぜ合わせた○を加えて炒め合わせ、サニーレタスとともに器に盛り、青ねぎをかける。

ブリとねぎの
酢みそみぞれ

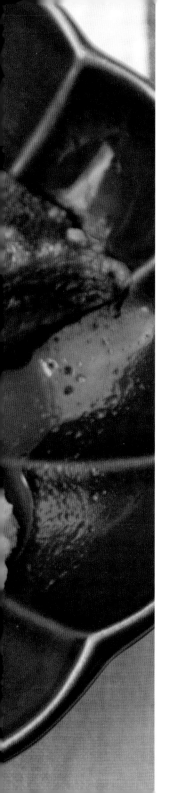

1人分	
エネルギー	313kcal
たんぱく質	21.5g
脂質	17.0g
糖質	4.8g
食物繊維量	1.4g
食塩相当量	0.9g

ブリは脳細胞の活性化を助けたり、血流をスムーズにしたりするDHAやEPAを豊富に含みます。また、大根おろしに含まれるイソチオシアネートは、大根の細胞が壊れることで生まれてくる成分。解毒や殺菌、抗酸化作用のおかげでがん予防も期待ができます。

材料（2人前）

ブリ	2切れ
塩	少々（下処理用）
大根	100g
油	小さじ1
長ねぎ	1/4本
☆酒	大さじ2
☆酢	大さじ1
☆みそ	小さじ2
☆砂糖	小さじ1

作り方

1. 大根はおろし、長ねぎは小口切りにする。ブリは塩をふり、10分置いてから表面の水分を拭き取る。

2. 冷たいフライパンにブリを入れて油を絡めたら、中火で焼く。

3. 両面に焼き色がついたら☆と長ねぎを加え、ふたをして中弱火で蒸し煮にする。

4. 器に盛り、大根おろしをのせる。

給食のクラムチャウダー

調理
約**20分**

1人分

エネルギー	234kcal
たんぱく質	13.1g
脂質	14.5g
糖質	8.5g
食物繊維量	2.4g
食塩相当量	0.9g

満足感たっぷり、給食でも人気だったおかずスープもワンパンで。たっぷりの具ととろみでポカポカあったかく、ゆでたうどんやパスタを入れてもまたおいしい。アサリに含まれる亜鉛は、細胞の生まれ変わりや成長の促進、正常な味覚の維持にも役立ちます。

材料（2人前）

- ☆ベーコン（薄切り）……35g
- ☆玉ねぎ……1/4 個
- ☆にんじん……1/4 本
- ☆セロリ……1/3 本
- ☆オリーブオイル……大さじ1/2
- ○バター……10g
- ○小麦粉……大さじ1
- 無調整豆乳……300ml
- アサリ水煮……130g

作り方

1. ベーコンは細切り、玉ねぎは薄切り、にんじんは厚さ3mmほどのいちょう切り、セロリは筋を取り、斜め薄切りにする。

2. フライパンに☆を入れて炒める。玉ねぎが半透明になってきたら○を加えて弱火で炒めながら混ぜる。

3. 豆乳を少しずつ加え、全体が混ざったらアサリを缶汁ごと入れ、ひと煮立ちさせる。

ちくわと餅の海苔揚げだし

調理
約**15**分

1人分

エネルギー	250kcal
たんぱく質	8.3g
脂質	5.7g
糖質	30.4g
食物繊維量	0.6g
食塩相当量	1.6g

飲食店でアルバイトをしていたときに教わり、アレンジを重ねてわが家の定番化したおかずです。サクッと揚げて、じゅわっとおだしが染みたお餅とちくわで体ポカポカ。薬味は小口切りにした白ねぎやおろししょうがもよく合います。焼酎のお湯割りや熱燗と一緒に！

材料（2人前）

太ちくわ…………3本
切り餅……………2個
★片栗粉…………大さじ1
★青のり…………小さじ1
油…………………大さじ2
○水………………100ml

○酒………………大さじ1
○しょうゆ………小さじ2
○みりん…………小さじ1
きざみ海苔………1.5g
削り節……………3g

作り方

1. ちくわは2cm長さ、切り餅は6等分に切る。

2. 冷たいフライパンに**1**を入れ、★をまぶす。油を回し入れ、中弱火で揚げ焼きにして器に盛る。

3. そのままのフライパンに○を入れて煮切ったら**2**にかけ、きざみ海苔と削り節をのせる。

メカジキのあずま煮

調理
約**20**分

1人分

エネルギー	253kcal
たんぱく質	17.0g
脂質	12.2g
糖質	9.8g
食物繊維量	1.8g
食塩相当量	1.3g

なつかしの給食、再現レシピです。煮ていないのになぜか「あずま煮」という、名前の由来不明の不思議なおかず。揚げ焼きした魚を甘辛い味付けで煮絡めます。しっかりした味付けでご飯がすすみ、お弁当にもおすすめです。子どもたちにも大人気でした。

材料（2人前）

メカジキ	2 切れ
塩	少々 （下処理用）
塩	少々
酒	小さじ 1
片栗粉	大さじ 1
油	大さじ 1
★酒	大さじ 1
★白いりごま	大さじ 1/2
★砂糖	小さじ 2
★しょうゆ	小さじ 2

作り方

1. メカジキは塩をふり、表面の水分を拭き取る。冷たいフライパンの上でキッチンバサミで一口大に切り、塩と酒をなじませ、片栗粉をはたく。

2. フライパンに油を加え、中弱火で揚げ焼きにする。火が通ったら余分な油を拭き取り、火を止める。

3. ★を加えて混ぜ、中弱火で煮絡める。

白身魚の海苔マヨ焼き

調理 約**15**分

1人分

エネルギー	241kcal
たんぱく質	15.5g
脂質	17.6g
糖質	0.3g
食物繊維量	0.2g
食塩相当量	1.1g

メカジキは魚売り場でも比較的安く、手に入れやすい魚の一つ。脂肪分が少なく淡白でパサつきやすいため、今回は薄く衣を付けてから焼いています。SNSで「魚嫌いの子どもが初めて自分から魚に手を出しました！」とコメントをもらった人気レシピです。

材料（2人前）

メカジキ	2 切れ
塩	少々（下処理用）
塩	小さじ 1/4
小麦粉	小さじ 2
油	大さじ 1/2
マヨネーズ	大さじ 1 1/2
青海苔	小さじ 1/2

作り方

1. メカジキは塩をふり、表面の水分を拭き取り、両面に塩と小麦粉をまぶす。

2. フライパンに **1** と油を入れ中弱火で焼く。焼き色がついたら裏返し、マヨネーズをぬり、青海苔をかける。

3. ふたをして中に火が通るまで焼く。

栄養って
やっぱり大事？

　普段の食事。1日、ましてや1食分で完璧な献立なんて考えなくていい。そう思います。

　私はお仕事で給食の献立や「今月のばんごはん（私のSNSをご参照ください）」を考えています。その場合はやはりカチッと整うように献立を作り、「ここさえ押さえておけば、他の食事で多少ゆるめてもなんとなくうまくいきそうですよ」といった具合に作っています。しかし、それはそれ。これはこれ。リアルなわが家の献立は実にいろいろです。

　あまり大きな声では言えないけど、子どもの朝食がパンと牛乳と果物だけ。とか、よくあります（言ってしまった）。

　ヒトは生命の維持のため、食べることが必要です。しかし、「栄養！栄養！」「病気の予防！」「子どもの成長！」と凝り固まらずに、「週末は食べすぎたな」「明日からは少し軽めの食事にしておこう」「朝は少なすぎたから夕飯はしっかりめに食べよう」なんて、3日〜1週間を目安に調整するのがいいのではないでしょうか。

　ヒトが他の動物と違うところの1つ。『エサ』ではなく『食事』。作る人も食べる人も片づける人も無理しすぎないことが、こころと体の栄養にもつながるのではないかと思います。

副菜 編

サニーレタスのおかかうまだれ

調理
約**5**分

1人分

エネルギー	93kcal
たんぱく質	2.3g
脂質	7.5g
糖質	1.2g
食物繊維量	1.7g
食塩相当量	0.6g

湯がくのは、サニーレタスの食感が残るくらいに、本当にさっとで十分。レンチンの場合は、耐熱容器に入れて600Wで50秒。水に溶けて流出しがちなビタミンCの減りも少なく、全体のかさが減って食べやすくなります。出来立てをすぐめしあがれ〜！

材料（2人前）

サニーレタス	6 枚
★白すりごま	大さじ 1
★マヨネーズ	大さじ 1
★酢	小さじ 1
★しょうゆ	小さじ 1
★砂糖	小さじ 1/2
★削り節	3g

作り方

1. サニーレタスは食べやすい大きさにちぎる。

2. フライパンに湯を沸かし、**1**を20秒ほど湯がく。

3. 水気を切り、サニーレタスが温かいうちに★とあえる。

地味うま！ もやしの海苔あえ

1人分

調理
約**5**分

エネルギー	60kcal
たんぱく質	1.7g
脂質	4.8g
糖質	0.8g
食物繊維量	1.6g
食塩相当量	0.5g

もやしをゆでたあとは水にさらさなくてOK！ザルにあげて広げ、2分も置いておけば、蒸気が飛ぶので、仕上がりが水っぽくなってしまうのを防げます。これを「おかあげ」と言います。年中価格の安定した食材のみで作れる助かる副菜です。

材料（2人前）

もやし………………………1/2 袋
★白いりごま………………小さじ 2
★ごま油……………………小さじ 2
★きざみ海苔………………2g
★塩……………………………ひとつまみ

作り方

1. フライパンに湯を沸かし、もやしを30秒ほど湯がく。

2. もやしの水気を切り、粗熱が取れたら★とあえる。

イカのさっと煮

調理
約**10**分

1人分

エネルギー	113kcal
たんぱく質	11.9g
脂質	0.3g
糖質	5.0g
食物繊維量	0.5g
食塩相当量	1.7g

イカに豊富に含まれ、栄養ドリンクの成分としてもよく聞くタウリン。肝臓の働きをサポートする力を持ちます。イカを捌くのが面倒な場合は、下処理をお願いすれば快くしてくれるスーパーもあります。ワタをもらうのも忘れずに。残った煮汁にご飯を入れてイカ飯風も◎。

材料（2人前）

スルメイカ……………………1 杯
★酒………………………………大さじ 2
★しょうゆ……………………大さじ 1
★砂糖…………………………小さじ 2
★みりん………………………小さじ 2
青ねぎ…………………………1/4 束

作り方

1. 青ねぎは小口切りにする。イカはワタと軟骨を外し、胴体は輪切り、足は食べやすい長さに切る。

2. フライパンにイカのワタと★を入れ、中火にかける。

3. 煮立ったらイカの胴体と足を加え、落としぶたをして火が通るまでさっと煮る。

4. イカを取り出し器に盛る。煮汁を煮詰めてかけ、青ねぎをちらす。

至福の焼きにんじん

エネルギー	47kcal
たんぱく質	0.2g
脂質	3.8g
糖質	2.3g
食物繊維量	1.1g
食塩相当量	0.4g

調理
約**5**分

常備しやすいにんじんはβ-カロテンを豊富に含みます。β-カロテンは体内で必要量がビタミンAに変換され、皮膚・目・粘膜の健康維持に役立ちます。皮周辺に多いので、皮ごと食べるか、ピーラーで薄く皮をむいて食べるのがおすすめです。

材料(2人前)

にんじん……………………1/2 本
⭐バター……………………10g
⭐塩…………………………少々
水…………………………大さじ1

作り方

1. にんじんは皮ごとスティック状に切る。

2. フライパンに**1**と⭐を入れて弱火にかける。

3. バターが溶けたら水を加え、ふたをして5分ほど蒸し焼きにする。

4. にんじんに火が通ったらふたを取り、水分を飛ばす。

ほくほくみそじゃが

調理
約**10分**

1人分

エネルギー	152kcal
たんぱく質	2.8g
脂質	5.4g
糖質	25.4g
食物繊維量	15.1g
食塩相当量	0.5g

じゃがいもに含まれるビタミンCはデンプン質に守られているため、ゆでた場合の流出が比較的少ないのが特徴です。過剰な塩分を体外に出すカリウムも豊富。すりごまを入れると一気に焦げやすくなるので、調味料を先に入れ、すりごまは最後に絡めます。

材料（2人前）

じゃがいも……………………2個
★みそ…………………………小さじ2
★酒……………………………小さじ2
★みりん………………………小さじ2
★ごま油………………………小さじ1
★しょうゆ……………………ひとたらし
白すりごま……………………小さじ1

作り方

1. じゃがいもは食べやすい大きさに切る。

2. フライパンに**1**とかぶるくらいの水を入れ、ふたをして中火で5分ほど蒸し煮にする。

3. 竹串がスッと入る硬さになったら湯を捨てて水分を飛ばし、★を加えて中弱火で煮絡める。

4. 全体の水分が飛んだら白すりごまを加えて絡める。

給食の春雨サラダ

冷やし時間を除く

調理
約**5**分

1人分

エネルギー	118kcal
たんぱく質	5.6g
脂質	4.8g
糖質	10.0g
食物繊維量	1.4g
食塩相当量	0.9g

これも保育園給食のアレンジ再現レシピ。保育園では食中毒予防のため、きゅうりもゆでていたのですが、自宅用は生で使っています。でも、味付けは完全に一緒です。手軽に魚を取り入れたいときの強力な味方のツナ缶は、保存がきくので買いだめ推奨！

材料（2人前）

きゅうり…………1/2 本
春雨……………20g
乾燥わかめ…….4g
ツナ缶（水煮）…1 缶
白いりごま…….大さじ 1/2

酢……………大さじ 1/2
ごま油………大さじ 1/2
しょうゆ…….大さじ 1/4
砂糖……………小さじ 1/2

作り方

1. きゅうりは細切りにする。

2. 春雨は熱湯で戻す。袋に記載されている時間の1分前になったら乾燥わかめを加え、時間になったらザルにあげる。

3. すべての材料を混ぜ合わせ、冷蔵庫で冷やす。

切り干し大根のパリパリあえ

調理
約**10**分

1人分

エネルギー	124kcal
たんぱく質	3.3g
脂質	8.5g
糖質	2.4g
食物繊維量	2.4g
食塩相当量	0.8g

こちらも給食レシピのリメイク。レタスも一緒にさっと湯がいてもOK！ 煮物で食べることの多い切り干し大根は、水分が抜けているため同量の大根よりも栄養素がギュッと凝縮。あえ物、おみそ汁や卵焼きの具、アレンジも保存もきくので常備しておくと便利です。

材料（2人前）

切り干し大根	15g
ハム	3枚
にんじん	1/4本
レタス	1枚
オリーブオイル	大さじ1
レモン汁	大さじ1/2
しょうゆ	大さじ1/4
砂糖	小さじ1/2

作り方

1. 切り干し大根をさっと揉み洗いして食べやすい長さに切る。ハムは短冊切り、にんじんは細切り、レタスは食べやすい大きさにちぎる。

2. フライパンに湯を沸かし、切り干し大根とにんじんをさっと湯がき、水気を切る。

3. すべての材料を混ぜ合わせる。

えのきとわかめのかつおナムル

調理
約**5**分

1人分

エネルギー	77kcal
たんぱく質	3.0g
脂質	4.6g
糖質	1.3g
食物繊維量	3.0g
食塩相当量	0.9g

えのきにはエルゴステロールというビタミンDの素が含まれ、紫外線に当たることで体内でビタミンDへと変化します。ビタミンDはカルシウムの吸収を助ける働きをするため、骨粗鬆の予防をしたい方、成長期も特に積極的に摂りたい栄養素の一つです。

材料（2人前）

えのきだけ	1/2袋
生わかめ	20g
白いりごま	大さじ1
ごま油	大さじ1/2
砂糖	小さじ1/2
しょうゆ	小さじ1/4
削り節	3g
塩	ひとつまみ

作り方

1. えのきは石づきを取り、ほぐす。わかめは食べやすい大きさに切る。

2. フライパンに湯を沸かし、えのきをさっと湯がき、水気を切る。

3. すべての材料を混ぜ合わせる。

きゅうりの佃煮

冷やし時間を除く

調理
約10分

1人分

エネルギー	54kcal
たんぱく質	1.3g
脂質	1.2g
糖質	4.6g
食物繊維量	1.4g
食塩相当量	0.9g

「きゅうりをたくさんもらった」「特売で買いすぎた」そんなときになかなか保存がきかないきゅうりですが、佃煮をたっぷり作って小分けにすれば冷凍保存も可能です。解凍は自然解凍でOK。きゅうりを煮るのは少し意外？ いや、きっと一度は食べたことのある味です。

材料（2人前）

きゅうり……………………2本
塩……………………………小さじ1/2
★しょうが…………………少々
★酢…………………………大さじ1
★砂糖………………………大さじ1/2
★みりん……………………大さじ1/2
★しょうゆ…………………小さじ2
★赤とうがらし（輪切り）………適量

作り方

1. きゅうりは小口切りにする。塩揉みして洗い、水気を絞る。しょうがはせん切りにする。

2. フライパンに**1**と、★を入れてざっと混ぜる。

3. 中火にかけてときどき混ぜながら汁気がなくなるまで煮詰める。

4. 粗熱を取り冷蔵庫で冷やす。

ささみとセロリの中華あえ

調理
約**10**分

1人分

エネルギー	118kcal
たんぱく質	12.4g
脂質	2.6g
糖質	2.5g
食物繊維量	0.8g
食塩相当量	0.6g

セロリ特有の香りはアピインやテルペン等、約40種類の成分が組み合わさったもの。神経を鎮める作用があるので、イライラしがちな日はいったん落ち着いてよーく香りをかぎましょう。ごま油をオリーブオイルに変えれば洋風にもなります。お弁当にもOK！

材料（2人前）

鶏ささみ……………………2 本
セロリ……………………1/2 本
塩……………………………少々
酒…………………………大さじ 3
★酢………………………小さじ 2
★白すりごま……………小さじ 1
★砂糖……………………小さじ 1
★ごま油…………………小さじ 1
★しょうゆ……………小さじ 1/2

作り方

1. セロリは筋を取り、斜め薄切りにして塩揉みをする。ささみはキッチンバサミで筋を取る。

2. フライパンにささみと酒を入れ、中弱火で縁が白っぽくなるまで蒸し煮にする。裏返して中まで火が通るまで蒸し煮にする。

3. 粗熱が取れたら大きめにほぐし、セロリと★とあえる。

きゅうりとパプリカの塩昆布ナムル

調理
約**5**分

1人分	
エネルギー	28kcal
たんぱく質	1.9g
脂質	0.1g
糖質	2.9g
食物繊維量	1.8g
食塩相当量	1.0g

フライパンも火も不要。切って混ぜるだけで完成するお手軽副菜。初めはシャキッとサラダのように食べられ、時間を置くと、野菜から出る水分で乾物がなじんでしっとりし、全体がまとまってきます。お好きな頃合いで食べてくださいね。

材料（2人前）

きゅうり………………………1本
赤パプリカ…………………1/2個
桜エビ………………………大さじ1
塩昆布………………………10g

作り方

1. きゅうりはせん切り、パプリカは長さを半分にして細切りにする。

2. ポリ袋にすべての材料を入れて揉む。

焼きトマトのおかかバター

調理
約**10**分

1人分

エネルギー	59kcal
たんぱく質	1.2g
脂質	3.9g
糖質	3.2g
食物繊維量	1.1g
食塩相当量	0.6g

トマトのグルタミン酸と削り節のイノシン酸はどちらもうまみ成分。ただトマトを焼いただけなのに、驚くほど甘くておいしいごちそうに仕上がります。メインのおかずが和風なら、パセリを青のりに変えてもまたよし！ 必ず一度は作ってみてほしい副菜です。

材料（2人前）

トマト………………………1個
バター………………………10g
塩……………………………ひとつまみ
★削り節……………………3g
★パセリ（みじん切り）…少々

作り方

1. トマトは横半分に切る。

2. フライパンにバターを熱し、トマトの皮目を下にして入れ、中火で焼く。

3. 焼き色がついたら裏返して塩をふり、ふたをして中弱火で水分が飛ぶまで7分ほど焼く。

4. 器に盛り、熱いうちに★をのせる。

99

たたききゅうりのサバマヨらっきょ

調理 約5分

たたいたきゅうりは断面が凸凹になるため、切った場合よりも表面積が増え、短時間でも味がなじみやすくなります。ちぎりキャベツのあえ物やちぎりこんにゃくの煮物も同じ原理です。ちぎる動作は小さな子どもでもできるので、お手伝いデビューにもおすすめです。

材料（2人前）

きゅうり……………………1 本
★らっきょう漬け…………5 個
★青ねぎ……………………1/5 束
★サバ水煮缶………………1/2 缶
★マヨネーズ………………小さじ 2

作り方

1. きゅうりはめん棒などでたたき、食べやすい大きさにちぎる。らっきょうと青ねぎは粗みじん切りにする。

2. ★を混ぜ合わせ、サバをほぐしながらきゅうりとあえる。

かぶホイル蒸し

調理
約**10**分

1人分

エネルギー	29kcal
たんぱく質	0.9g
脂質	1.7g
糖質	1.9g
食物繊維量	0.7g
食塩相当量	0.4g

かぶは葉が緑黄色野菜、根が淡色野菜と分かれるおもしろい野菜。葉っぱにはβ-カロテン、ビタミンC、カルシウムが多く含まれるので、捨てずにきざんでその日のおみそ汁へ◎。蒸し焼きをするときに、途中で水がなくなった場合は、適宜水を足してください。

材料（2人前）

かぶ……………………1個
★クリームチーズ…………10g
★みそ…………………小さじ1
黒こしょう………………少々

作り方

1. かぶは8等分のくし形切りにする。★は混ぜ合わせる。

2. アルミホイルを広げ、かぶを並べ、★をのせて包む。

3. フライパンに**2**と底から2cmくらいの水を入れふたをして中弱火で8分ほど蒸す。

4. 竹串がスッと入る硬さになったら、黒こしょうをふる。

春雨ともずくのピリ辛酢

調理
約**5**分

1人分	
エネルギー	125kcal
たんぱく質	0.9g
脂質	2.4g
糖質	23.8g
食物繊維量	0.7g
食塩相当量	0.7g

暑い日でもつるっと食べられる簡単副菜。もずく酢の味をそのまま利用し、調味料を少し足すだけなので本当に簡単。日本酒や焼酎、お酒のおつまみにもばっちりです。もずく酢の酸味が苦手な人でも、春雨で酸味がやわらぎ、つるつるっと食べやすくなりますよ。

材料（2人前）

春雨……………………………60g
もずく酢…………………1パック
白いりごま…………………小さじ2
しょうゆ…………………小さじ1 1/2
ラー油………………………3滴

作り方

1. 春雨は袋の表示どおりに戻し、水気を切る。

2. すべての材料を混ぜ合わせる。

ころころカルパッチョ

エネルギー	170kcal
たんぱく質	8.7g
脂質	11.3g
糖質	1.1g
食物繊維量	3.1g
食塩相当量	0.8g

調理 約**5**分

うまみの強い食材の組み合わせで、味付けはシンプルでもグッと噛み締めたくなるおいしさの副菜です。レモン汁は味付け以外にもアボカドの変色を抑える働きがあるので忘れずに入れて。さっとあえるだけでワンパンさえ不要です。白ワインや冷酒のおつまみにも◎。

材料（2人前）

タコ（ぶつ切り）	100g
きゅうり	1本
アボカド	1/2個
★レモン汁	大さじ1
★オリーブオイル	大さじ1/2
★塩	ひとつまみ
★黒こしょう	適量

作り方

1. タコぶつ、きゅうり、アボカドは2cm角の角切りにする。

2. 1に★をかけて全体をざっと混ぜる。

かぼちゃの発酵サラダ

調理
約**10**分

1人分

エネルギー	153kcal
たんぱく質	4.4g
脂質	8.1g
糖質	14.1g
食物繊維量	4.0g
食塩相当量	0.2g

「他のおかずでコンロが空いてない！」そんなときはレンチンで。一口大のかぼちゃを耐熱容器に入れ、600Wで2分30秒チン。あとの作り方は同じです。カマンベールチーズはプロセスチーズを角切りにして代用してもOK。皮ごとつぶさずに分けることで色がきれいに。

材料（2人前）

かぼちゃ……………………1/8個(150g)
カマンベールチーズ………20g
ミックスナッツ（無塩）…20g
みそ………………………小さじ1

作り方

1. かぼちゃは一口大に切る。ナッツはポリ袋に入れ、袋の上からめん棒などで粗く砕く。

2. フライパンに湯を沸かし、かぼちゃをゆで、水気を切る。

3. かぼちゃが熱いうちに皮を外し、身の部分をつぶし、すべての材料を混ぜ合わせる。

焼きパプリカのマリネ

調理
約**5分**

1人分	
エネルギー	98kcal
たんぱく質	0.7g
脂質	6.9g
糖質	7.0g
食物繊維量	1.5g
食塩相当量	0.3g

パプリカを熱いうちに調味料に浸けると、冷めていく過程で味がよく染みていきます。これは煮物も一緒。「調味料の量は合ってるのに中まで味が染みない」と感じたら、いったん火を止めてそのまま余熱に置いて冷ましてみてください。煮ころがしもしっかり味が染みます。

材料（2人前）

赤パプリカ……………………1個
オリーブオイル…………大さじ1
塩…………………………………少々
☆酢……………………………大さじ1
☆砂糖……………………………小さじ2

作り方

1. パプリカは1cm幅の細切りにする。

2. フライパンにパプリカを入れてオリーブオイルを絡め、塩をふったら中弱火で焼き色をつける。

3. ポリ袋に☆を入れて混ぜ合わせ、**2**を浸け、粗熱を取る。

サバ缶とスナップエンドウのサラダ

調理
約**10**分

1人分

エネルギー	113kcal
たんぱく質	6.8g
脂質	6.9g
糖質	2.6g
食物繊維量	1.0g
食塩相当量	0.7g

スナップエンドウはゆであがりにザルにあげたら水にさらさずに。水っぽくなるのを防げます。ゆでている途中は浮いてきやすいので、1回ひっくり返すと両側をちょうどよくゆであげることができます。「少し固いかな？」と思っても余熱が入るのでご安心を。

材料（2人前）

スナップエンドウ…………8 本
サバ水煮缶…………………1/2 缶
マヨネーズ…………………小さじ 2
塩……………………………少々
黒こしょう…………………適量

作り方

1. フライパンに湯を沸かし、スナップエンドウを1分ほど湯がき、斜め二等分に切る。

2. サバをほぐしながらすべての材料を混ぜ合わせる。

焼き大根のゆずみそステーキ

調理
約**10**分

1人分

エネルギー	37kcal
たんぱく質	0.5g
脂質	1.6g
糖質	3.3g
食物繊維量	0.9g
食塩相当量	0.4g

ゆずを買ったらぜひ皮をせん切りにして冷凍庫へ。あえ物にもそのままさっと使えて便利です。果肉はきざんではちみつと合わせ、はちみつゆず茶やヨーグルトのトッピングにすると体も温まります。香りがあるだけでいつもの大根がパッと華やかになり、減塩にもよし。

材料（2人前）

大根	100g
油	小さじ 1/2
☆みそ	小さじ 1
☆酒	小さじ 1
☆みりん	小さじ 1
☆砂糖	小さじ 1/2
水	大さじ 1
ゆずの皮	少々

作り方

1. 大根は1cm厚さの輪切りにして、片面に格子状の切り込みを入れる。

2. フライパンに油を熱し、切り込み側を下にして中火で焼く。

3. 焼き色がついたら裏返し、混ぜ合わせた☆をぬる。水を加え、ふたをして弱火で7分ほど蒸し焼きにする。

4. 竹串がスッと刺さるくらいまで火が通ったら器に盛り、せん切りにしたゆずの皮をのせる。

ひじきのツナサラダ

調理 約10分

1人分

エネルギー	124kcal
たんぱく質	5.8g
脂質	7.6g
糖質	4.5g
食物繊維量	3.1g
食塩相当量	1.0g

フライパンは火の当たる面積が広い分、ゆでものに使うお湯も時短で沸かせるのがいいところ。こちらはコーンやハムを足したり、新玉ねぎを入れてみたり、アレンジも無限大。子どもウケもばっちりです。

材料（2人前）

乾燥芽ひじき……………………8g
にんじん…………………………1/4 本
きゅうり…………………………1/2 本
ツナ缶（オイル漬け）……1 缶
酢…………………………………大さじ 1
砂糖………………………………小さじ 2
しょうゆ………………………小さじ 1

作り方

1. ひじきは水で戻して洗い、フライパンで袋の表示通りの時間ゆで、水気を切る。

2. にんじんときゅうりはせん切りにする。

3. ツナ缶は油を軽く切り、すべての材料を混ぜ合わせる。

トマトとホタテのわさび麹あえ

調理
約**5**分

【1人分】

エネルギー	58kcal
たんぱく質	6.6g
脂質	0.2g
糖質	4.4g
食物繊維量	0.6g
食塩相当量	0.2g

材料を切ってさっとあえるだけ！ 暑い日だってパパッと作れ、わさびを抜いたら子どもでも作れちゃう。大人は寒い日の熱燗のお供にもうれしい一品です。チューブタイプのわさびを使うときは、塩気があるので塩麹の量を減らして様子をみて。

材料（2人前）

トマト………………………1/2 個
ホタテ（刺身用）…………5 枚
塩麹…………………………大さじ 1/2
粉わさび……………………小さじ 1/3
きざみ海苔…………………1.5g

作り方

1. トマトは1.5cm角、ホタテは4等分に切る。

2. すべての材料を混ぜ合わせる。

春菊の大人の食べ方

調 理
約**5**分

|1人分|

エネルギー	52kcal
たんぱく質	2.6g
脂質	2.7g
糖質	0.7g
食物繊維量	1.6g
食塩相当量	1.1g

白いご飯にもお酒にもめちゃめちゃ合う、いちおしレシピです。この料理の一番のポイントは出来立てをすぐ食べること。時間をおくと一気に春菊の水分が出てしょっぱくなります。そうなったら漬物と思って、ちみちみと食べてください。それもまたおいしいのです。

材料（2人前）

春菊……………………………1/2 束
長ねぎ…………………………20g
イカの塩辛……………………30g
レモン汁………………………大さじ 1
ごま油…………………………小さじ 1

作り方

1. 春菊は食べやすい長さに、長ねぎは小口切りにする。

2. すべての材料をさっとあえる。

ころころにんにくれんこん

調理
約**10**分

エネルギー	118kcal
たんぱく質	2.1g
脂質	3.7g
糖質	15.8g
食物繊維量	2.5g
食塩相当量	1.1g

切ったれんこんにすばやく油を絡めるのは、空気に触れて色が黒ずんでくるのを防ぐため。もたもたしそうなときは水を張ったボウルに入れておき、しっかり水分を拭いてから調理すればOK！ほくほくとした食感がおいしいみそにんにく味のワンパン副菜です。

材料（2人前）

れんこん	1節（約200g）
油	大さじ 1/2
★にんにく（すりおろし）	1かけ分
★水	大さじ 1
◎みそ	小さじ 2
◎みりん	小さじ 1

作り方

1. れんこんは乱切りにする。

2. 冷たいフライパンにれんこんを入れ油を絡める。★を加えて中弱火で返しながら焼き、焼き色がついたらふたをして6分ほど焼く。

3. 火が通ったら◎を加えて中火で照りをつけ、お好みで糸とうがらしをのせる。

どシンプルコールスロー

エネルギー	97kcal
たんぱく質	1.0g
脂質	6.8g
糖質	5.9g
食物繊維量	2.2g
食塩相当量	0.6g

調理
約10分

給食でも使っていたドレッシングの割合で、さっと作れるシンプルサラダです。簡単だけど野菜がおいしい。ポリ袋の中で少しだけ揉むことで、生野菜もほんのりとしんなりします。水で流れてしまいやすいビタミンCも余すことなく体に摂り入れられます。

材料（2人前）

キャベツ	2枚
きゅうり	1/2本
オリーブオイル	大さじ1
砂糖	小さじ1
酢	小さじ1
塩	小さじ1/4
こしょう	適宜

作り方

1. キャベツときゅうりはせん切りにする。

2. ポリ袋にすべての材料を入れて軽く揉み、5分ほど置く。

焼きなすとミニトマトのパセリまみれ

調理 約5分

1人分

エネルギー	48kcal
たんぱく質	0.8g
脂質	3.4g
糖質	1.9g
食物繊維量	1.2g
食塩相当量	0.9g

なすの皮に含まれる色素成分で、生活習慣病の予防効果も期待されるナスニン。水に溶ける性質を持つため、アク抜きをする場合はさっと短時間にすると流出量が少なくてすみます。切ってすぐに加熱調理する場合は、アク抜きは必要ありません。

材料（2人前）

なす	1本
ミニトマト	3個
パセリ	2房
油	大さじ1
★しょうが（すりおろし）	小さじ1
★しょうゆ	小さじ2

作り方

1. なすは乱切り、ミニトマトは2等分に切る。パセリは粗みじん切りにする。

2. 冷たいフライパンになすを入れ、油を絡めたら、中弱火で揚げ焼きにする。

3. ボウルに★を入れて混ぜ、2、ミニトマト、パセリを加えて絡める。

なすとエリンギのしそ浸し

1人分

エネルギー	80kcal
たんぱく質	1.5g
脂質	3.5g
糖質	4.1g
食物繊維量	2.5g
食塩相当量	0.9g

香りも少なくクセが少ないことからも、嫌われにくいなすとエリンギ。しその香りと合わせて暑い日にもピッタリのあっさり副菜に。食物繊維が多く、コレステロールの排出や整腸作用にも期待が持てるエリンギは、一年中安定した値段で買える家計の味方でもあります。

材料（2人前）

なす	1本
エリンギ	2本
青じそ	3枚
酒	大さじ2
油	大さじ1/2
★酢	大さじ1
★しょうゆ	小さじ2
★砂糖	小さじ1

作り方

1. なすとエリンギは1cm厚さの輪切り、青じそはせん切りにする。

2. 冷たいフライパンになすとエリンギを入れて酒、油の順に絡めたら、弱火にかけ、ふたをして3分ほど蒸し焼きにする。

3. ボウルに★と青じそを入れて混ぜ合わせ、**2**を蒸した汁ごと加える。粗熱を取り、冷蔵庫で冷やす。

とろたくピーマン

調理
約**5**分

1人分
エネルギー	69kcal
たんぱく質	11.6g
脂質	0.9g
糖質	1.0g
食物繊維量	0.9g
食塩相当量	1.0g

お酒のおつまみにもぴったり！ 特に日本酒を飲むなら必ず一度は作ってほしい。あっという間に完成する、フライパンすら使わない一品です。ピーマンの香り成分ピラジン、マグロに含まれるオメガ3脂肪酸、どちらも血液サラサラ効果に期待が持てます。

材料（2人前）

ピーマン……………………2個
たくあん……………………4枚
マグロのすき身……………100g
しょうゆ……………………小さじ2

作り方

1. ピーマンは縦半分に切る。たくあんは粗みじん切りにする。

2. マグロ、たくあん、しょうゆを混ぜ合わせ、ピーマンにのせる。

ブロッコリーのにんにく蒸し

調理
約**5**分

1人分

エネルギー	120kcal
たんぱく質	3.2g
脂質	7.6g
糖質	2.1g
食物繊維量	3.3g
食塩相当量	0.3g

ブロッコリーの100gあたりのビタミンC量は140mg。レモンは100mgなので、比較すると多くのビタミンCを含んでいることがわかります。ただし、ビタミンCは水に溶けやすいのです。塩ゆでにした場合はなんと残存率が44%に。蒸すと94%残るので、ぜひお試しを。

材料（2人前）

ブロッコリー	1/2 株
にんにく	1 かけ
塩	少々
オリーブオイル	大さじ 1
酒	大さじ 3
粉チーズ	大さじ 1/2

作り方

1. ブロッコリーは小房に分ける。にんにくは薄切りにする。

2. フライパンにブロッコリーを並べ、にんにくをちらす。塩をふったらオリーブオイルを絡めて酒を加え、ふたをして中弱火で蒸し煮にする。

3. 器に盛り、粉チーズをかける。

なすの濃厚みそ焼き

1人分

調理
約**10**分

エネルギー	107kcal
たんぱく質	1.1g
脂質	6.7g
糖質	4.9g
食物繊維量	1.9g
食塩相当量	0.9g

「今までで一番焼きなすがうまくできました」とコメントをもらい、SNSでも人気だったおかずです。皮ではなく、内側に切り込みを入れることでなすのおいしいおだしがこぼれることなく仕上がり、食べたときのジュワッと感も楽しめます。ナス丼にしても◎。

材料（2人前）

なす	2 本
油	大さじ 1
☆みりん	大さじ 1
☆酒	大さじ 1/2
☆しょうゆ	大さじ 1/2
☆しょうが（すりおろし）	小さじ 1
☆みそ	小さじ 1/2

作り方

1. なすは縦半分に切り、内側に格子状に切り込みを入れる。

2. 冷たいフライパンになすを入れ、油を絡めたら、皮目を下にして中火で焼く。

3. 焼き色がついたら裏返し、内側にも焼き色をつける。

4. 火を止めて☆を加えて混ぜ合わせ、大きめの泡が出るまで煮詰め、たれを全体に絡める。

ナスの皮に含まれるアントシアニンの一種、「ナスニン」は油との相性抜群。うすく油の膜を作ることで、色も栄養も閉じ込めたまま調理できます。

117

どうしても料理で失敗をしたくない人は

　料理での失敗、できればしたくないですよね？
「失敗しながら、ときには叱られながら、私は着実に学んでいきたいです」という崇高なお方はたぶんこの本を手に取っていないでしょう。
　食材費も光熱費も時間ももったいないし、おいしくない以前に下手すりゃ食べられなくなるし。時間をかけすぎてお腹すいてイライラしてきたら輪をかけて大変。
「ラクに作れておいしくて、栄養も摂れたらいいな〜。もちろん失敗はしたくない！」この本を手にとってくれた方にはそんな方が多いのでは？
　失敗しない最大のコツは【レシピ通りに作ること】です。
　いったんレシピを声に出して読み、一度だけでいいので忠実に作ってみてください。
　この本のすべてのレシピは、皆さんの代わりに私が失敗をしてあります。
　皆さんが極力失敗しないように、私が何度も何度も何度も試作を重ねています。だから「弱めの中火で5分」なんて書いてます。弱火だと時間がかかりすぎたし、中火にしたら焦げてしまったから。そんな失敗を重ねたうえでのレシピなので、読み飛ばして弱火で作ると時間がかかりすぎるし、中火で作るとやっぱり焦げます。3分だったら半生だし、8分だったら火が入りすぎて硬くなったりやわらかくなりすぎたり。1分前後の誤差は使うフライパンや室温等によっても変わるので、そのへんはぴっちりとはいかないですが。
　今回掲載したパエリアなんて、納得いかずに試作を重ね、しまいにはわが家は週4でパエリアが登場しました。「もう一生分のパエリア食べたから飽きた。僕は白いご飯食べる」と、息子に言われても試作してます。
　勘違いしないでほしいのは「アレンジしないでレシピ通りに作りなさいな」と、高飛車に言っているわけではないということです。自分の好きな食材でアレンジできて、自分好みに作れるなら、それはもうこの上ない！ぜひ「わが家の味」を作ってください。
「どうしても失敗したくない！」の気持ちが強ければ、いったんレシピ通りにやってみてね。そしてお願い。「自己流にアレンジしたら失敗しました。もうゆかさんのレシピは作りません」って言わないで。私のことは嫌いでも、この本のことは嫌わないで。

ごはん・パスタ・うどん 編

シーフードパエリア

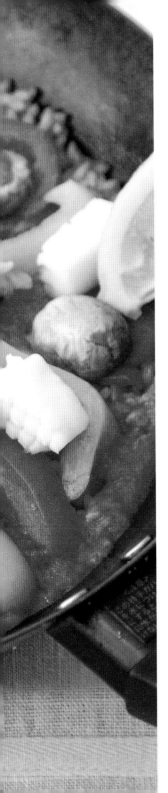

1人分

エネルギー	367kcal
たんぱく質	17.1g
脂質	5.7g
糖質	56.9g
食物繊維量	2.9g
食塩相当量	1.9g

ごちそう感の強いパエリアも、ワンパン完結！ 材料をさっと炒めたらあとは炊くだけ。色付けはお手軽なターメリックを使用しています。100円ショップでも手に入りますよ！

材料（2人前）

シーフードミックス……………………150g
赤パプリカ………………………………1/2個
黄パプリカ………………………………1/2個
マッシュルーム…………………………6個
オリーブオイル…………………………大さじ2
★無洗米…………………………………0.8合
★ターメリック…………………………小さじ1
★塩………………………………………小さじ1/2
★こしょう………………………………少々
○水………………………………………200ml
○トマトピューレ………………………100g（3倍濃縮）
レモン……………………………………1/8個

作り方

1. シーフードミックスは塩水（分量外）で解凍し、キッチンペーパーで水気をよく拭き取る（気になる場合は、エビの背ワタを取る）。パプリカは細切り、マッシュルームは軸を取る。

2. フライパンにオリーブオイルを熱し、★を入れて炒める。米が透き通ってきたら○を加え混ぜる。

沸騰したかな？ 水分の具合はどうかな？ 気になって何度もふたをあけてしまうと水分が蒸発して焦げや生炊けの原因に。ふたを透明のものにして、あけずに中を確認できるようにするのがおすすめ！

3. 1をのせ、ふたをして中弱火にかける。5分したら弱火にして、ふつふつした状態を保ちながら15分加熱する。火を消して10分蒸らし、レモンを添える。お好みでイタリアンパセリをのせる。

サバときのこの
炊き込みご飯

調理
約**20**分

1人分	
エネルギー	333kcal
たんぱく質	13.4g
脂質	9.3g
糖質	44.5g
食物繊維量	1.7g
食塩相当量	1.0g

サバはどーんと入れるだけ。うまみは下に敷いたご飯がすべて吸ってくれます。臭みを取りたいのでしょうがと酒は必ず入れて作ってくださいね。サバは3枚おろしで骨抜きをお願いすると無料でしてくれるスーパーもあります。おにぎりにしても美味！

材料（2人前）

米………………………………0.7合
まいたけ………………………30g
真サバ切り身…………………100g
☆水……………………………130ml
☆酒……………………………大さじ1
☆しょうゆ……………………小さじ1
☆みそ…………………………小さじ1
☆しょうが……………………5g
○青じそ………………………3枚
○白いりごま…………………大さじ1

作り方

1. 米を研ぎ、30分浸水させる。サバはキッチンペーパーで水分をよく拭き取る。まいたけはほぐす。しょうがと青じそはせん切りにする。

2. フライパンに米と☆を入れ、上にまいたけとサバをのせる。

3. ふたをして弱火にし、約5分かけて沸騰させる。沸騰したらそのままふつふつ状態を約10分保つ。火を消して10分蒸らしたら、サバをほぐしながら○を混ぜ込む。

カルシウムライス

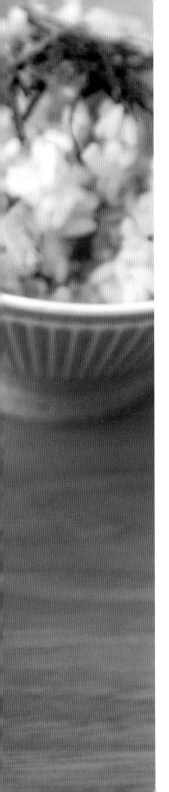

1人分	
エネルギー	300kcal
たんぱく質	6.5g
脂質	0.8g
糖質	65.2g
食物繊維量	2.6g
食塩相当量	1.4g

調理
約**20**分

彩りが華やかで見た目もかわいいワンパンご飯。白いご飯だと
ちょっと寂しいときにぜひ。コーン缶は余ったら袋に入れて冷凍
庫で保管。平たくしておけば、パキパキ折って使いたい分だけ使
えて便利。そして梅干しのクエン酸は疲労回復や食欲増進にも◎。

材料（2人前）

米	1合
水	210ml
切り干し大根	10g
梅干し	1個
ホールコーン缶	40g
桜エビ	大さじ2
しょうゆ	小さじ1
きざみ海苔	2g

作り方

1. 米は研ぎ、30分浸水させる。切り干し大根は水で戻し
て絞り、食べやすい長さに切る。梅干しは種を取る。

2. フライパンにきざみ海苔以外のすべての材料を入れて
ふたをして弱火にし、約5分かけて沸騰させる。沸騰し
たらそのままふつふつ状態を約10分保つ。火を消して
10分蒸らす。

3. 全体を混ぜて、きざみ海苔をちらす。

豆のトマトリゾット

1人分	
エネルギー	380kcal
たんぱく質	15.4g
脂質	18.7g
糖質	35.8g
食物繊維量	3.5g
食塩相当量	1.1g

リゾットはお米の芯がわずかに残るアルデンテ状態が大正解。そのため、水からではなく熱湯を入れて作ります。胃腸の調子が悪いとき、小さな子どもや高齢者と食べるときは、水から煮てみてくださいね。芯まで煮えた豆とトマトの洋風雑炊の完成です。

材料（2人前）

★玉ねぎ……………………………1/4個
★にんにく…………………………1かけ
★合いびき肉………………………50g
★無洗米……………………………1/2合
★塩…………………………………小さじ1/4
★こしょう…………………………少々
オリーブオイル……………………大さじ1
○熱湯………………………………400ml
○カットトマト缶…………………100g
○ミックスビーンズ………………60g
⬤粉チーズ…………………………大さじ2
⬤パセリ（みじん切り）…………大さじ1/2

作り方

1. 玉ねぎは1cm角に切る。にんにくはみじん切りにする。

2. フライパンにオリーブオイルを熱し、★を入れて炒める。

3. 玉ねぎが透き通ってきたら、○を加えて加熱し、沸いたらふたをしてふつふつした状態を保ちながら弱火で加熱する。10分たったら火を止め、そのまま10分置く。

4. 仕上げに⬤をふる。

けんちんうどん

1人分

調理 約**20**分

エネルギー	457kcal
たんぱく質	19.4g
脂質	18.3g
糖質	46.1g
食物繊維量	5.9g
食塩相当量	4.2g

体を内側から温めてくれる根菜をたっぷり使ったレシピです。秋冬に食べたい保育園の定番メニューです。汁がこぼれないよう、深さのある大きめのフライパンで作るのをおすすめします。炭水化物もたんぱく質も野菜も摂れて、やる気の出ない日の夕飯にも重宝します。

材料（2人前）

- ★大根…………100g
- ★にんじん…1/3 本
- ★しいたけ…2 個
- ★油揚げ……1/2 枚
- ★鶏もも肉…1/2 枚
- 油…………大さじ 1
- ○水…………500ml
- ○しょうゆ…大さじ 2
- ○酒…………大さじ 2
- ○砂糖………大さじ 1
- ○塩…………小さじ 1/3
- ゆでうどん…2 玉
- 長ねぎ………1/2 本

作り方

1. 大根とにんじんはいちょう切り、しいたけは軸取って薄切りにする。油揚げは短冊切り、鶏肉は一口大に切る。長ねぎは小口切りにする。

2. フライパンに油を熱し、★を中弱火で3分ほど炒める。半分程度火が入ったら○を加えて煮立たせる。

3. うどんを加え、袋に記載の時間通り煮込み、器に盛ってねぎをちらす。

鉄分もりもりパスタ

調理
約**20**分

1人分

エネルギー	520kcal
たんぱく質	20.5g
脂質	13.2g
糖質	77.6g
食物繊維量	7.1g
食塩相当量	4.5g

日本人に不足しがちな鉄分を含むアサリ、小松菜、スパゲッティを使っているので、1食当たりの鉄分は4.4mg。18〜74歳までの男性が一日に必要な量の約58%に相当します。あっさりした味付けなので、スパゲッティは細め〜普通の太さがおすすめ。

材料（2人前）

アサリ………………………100g
ベーコン……………………50g
玉ねぎ………………………1/2 個
小松菜………………………3 株
オリーブオイル…………大さじ 1
水……………………………600ml
★スパゲッティ（早ゆでではないもの）
………………………200g
★塩……………………………小さじ 1/2
しょうゆ……………………大さじ 1
粉チーズ……………………大さじ 2

作り方

1. アサリは50℃のお湯に10分浸して砂抜きする。ベーコンは短冊切り、玉ねぎは薄切り、小松菜はざく切りにする。

2. フライパンにオリーブオイルを熱し、ベーコンと玉ねぎを弱火で炒める。ベーコンから脂が出てきたら水を加え、ふたをして煮る。

3. 煮立ったら★を入れてふたをしてふつふつした状態を保ちながらスパゲッティの袋の表示からマイナス2分した時間加熱する。

4. 小松菜とアサリを加え、アサリが開いたらしょうゆを回しかけ、仕上げに粉チーズをふる。

鮭のクリームパスタ

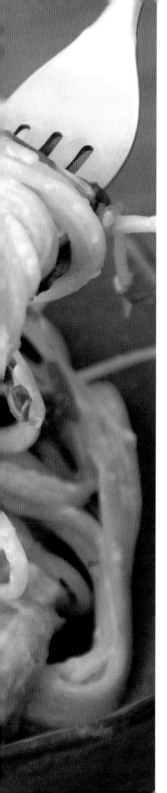

調理
約**20**分

【1人分】

エネルギー	735kcal
たんぱく質	40.5g
脂質	21.0g
糖質	92.2g
食物繊維量	8.6g
食塩相当量	3.5g

ワンパンでスパゲッティを作るメリットは、パスタをゆでたときの小麦がソースに加わること。別鍋で作ったらゆで汁として捨ててしまいがちですが、とろみがソースと絡んで濃厚に。スパゲッティは普通〜太めが満腹度も高く◎。一皿でなんとカルシウム334mg！

材料（2人前）

玉ねぎ	1/2個
しめじ	1/2株
豆苗	1/2パック
生鮭	2切れ
小麦粉	大さじ1
オリーブオイル	大さじ1
塩	小さじ1
牛乳	600ml
スパゲッティ（早ゆでではないもの）	200g
粉チーズ	適量

作り方

1. 玉ねぎは薄切り、しめじは石づきを取る。豆苗は3cm長さに切る。

2. 鮭はキッチンペーパーで両面の水気を拭いてから、冷たいフライパンの上でキッチンバサミで一口大に切り、小麦粉をはたく。オリーブオイルを加えて火にかけ、表面をさっと焼く。

3. 2をフライパンの端に寄せ、玉ねぎとしめじを空いたところで炒め、塩をふる。玉ねぎが透き通ってきたら牛乳を加え、ふたをして加熱する。

4. ふつふつとしてきたらスパゲッティを加えて再びふたをし、ふつふつした状態を保ちながら袋の表示時間よりマイナス1分煮る。

できるだけスパゲッティ同士がくっつかないように入れ、くっついてしまったら途中でササッと混ぜてほぐします。半分に折るとくっつきづらくなるのでそれでも◎。

5. 豆苗を加え、全体をなじませたら仕上げに粉チーズをふる。

野菜もちもちチヂミ

ごはん・パスタ・うどん 編

1人分	
エネルギー	318kcal
たんぱく質	14.5g
脂質	5.3g
糖質	47.8g
食物繊維量	2.0g
食塩相当量	3.1g

調理
約15分

玉ねぎ入りでもちもちした食感のチヂミです。やわらかい生地なのでフライパンのサイズに出来上がります。レシピは26cmのフライパンを使用して、仕上がりの厚さは5mm程度。厚さ次第で焼き時間は加減してくださいね。アサリはツナ缶やサバ水煮缶に変えても。

材料（2人前）

ニラ	1/2束
玉ねぎ	1/4個
アサリ（むき身）	100g
☆小麦粉	50g
☆片栗粉	50g
☆水	50ml
☆卵	1個
☆塩	小さじ1/2
油	大さじ1
○酢	大さじ2
○しょうゆ	大さじ1 1/2
○砂糖	大さじ1/2
○白いりごま	小さじ1
○ごま油	小さじ1/2

作り方

1. ニラは1cm幅に切る。玉ねぎは粗みじん切り、アサリは半分程度にきざむ。

2. ボウルに1と☆を入れて泡だて器で混ぜる。

3. フライパンに油を熱し、2を流し入れる。ふたをして中弱火で焼く。

4. 片面に焼き色がついたら裏返し、中火でカリッと焼く。食べやすい大きさに切り分け、混ぜ合わせた○を添える。お好みで糸とうがらしを添える。

今日から役立つちょっとしたコツ

調理学というと少し堅苦しいのですが、今日の夕飯から役立つようなちょっとしたコツを3つお教えします。これは私が給食の先生時代に、「給食便り」のはしにちょこっと書くと「知らなかった！」「おもしろい！」とパパママたちが言ってくれていた情報です。

この3つを知っているだけで、おいしさや食べやすさ、見栄えまでも変わってくるので、ぜひ頭のかたすみに置いておいてください。

❶ 調味料は入れる順番で味が変わる

和食の基本の「さしすせそ」。これは調味料を使うときの、基本的な順番の覚え方です。

```
●さ……砂糖
●し……塩
●す……酢
●せ……せうゆ（しょうゆ）
●そ……みそ
```

料理では基本、上から順番に入れていくと味が決まりやすいです。例えば、砂糖、酢、醤油を入れて煮物を作るなら「さ→す→せ」の順に。理由は、調味料の分子の大きさがそれぞれ違うから。分子のサイズの大きい調味料順に入れることで、食材の中にまで味が染みやすくなるのです。

❷ それって本当に中火？

強火、中火、弱火……。「よく聞くけど、なんとなく適当に加減してた！」なんてことありませんか？ 火加減とはフライパンや鍋への火の当たり具合のこと。例えば、家庭でフライパンの脇から火がはみ出るのは強すぎです。

```
●強火……火がフライパンの底全体に
　　　　　まんべんなく広がる程度
●中火……火の先がフライパンの底に
　　　　　ちょうどふれる程度
●弱火……火の先がフライパンの底に
　　　　　全くふれない程度
```

例えばこの本に出てくる「中弱火」は中火と弱火の間、火の先がフライパンにふれそうだけどふれない、そんな具合を示しています。一般的にテフロン加工のフライパンは「中火以下で使ってください」との記載があります。なんだかフライパンのコーティングの持ちが悪い……そんなときは普段の火加減を見直してみるのも1つの方法です。

❸ 材料の切り方

おみそ汁やあえ物、煮物など何にでも使えるコツです。それは切り方をできるだけそろえること。おみそ汁の人参を千切りにしたら、玉ねぎも油揚げも千切りに。肉じゃがの人参を一口大に切ったら、玉ねぎは厚めに、じゃがいもも一口大に。これだけで火の通り具合や味の染みやすさが均等になり、見栄えもグッとよくなります。材料の形がそろっていることで、小さな子どもが食べるときも「これはスプーンで」「これはお箸で」と、自ら道具を使い分けて食べるための手助けにもなります。

スイーツ編

焼きリンゴ

エネルギー	120kcal
たんぱく質	1.2g
脂質	6.2g
糖質	12.3g
食物繊維量	1.1g
食塩相当量	0.1g

調理 約**10**分

リンゴの種類は「秋映(あきばえ)」で作っています。レモン汁を入れて皮付きのまま煮ると、写真の通りのピンク色になるので、レモン汁は必ず入れて作ってくださいね。また、レモン汁を切り口にうすーく塗ると、クエン酸が変色を防止してくれます。お弁当用にもぜひ！

材料（2人前）

りんご………………………1/2 個
★水…………………………大さじ 3
★レモン汁…………………大さじ 1
バター（食塩不使用）……10g
○バニラアイス……………60g
○ミントの葉………………適量
○シナモンパウダー………適量

作り方

1. りんごは皮ごと薄切りにする。

2. フライパンに**1**を並べ、★を加え、ふたをして中弱火で蒸し煮にする。

3. りんごがやわらかくなったらふたを取り水気を飛ばす。バターを加え、溶かしながら弱火で焼き色をつける。

4. 器に○とともに盛りつける。

バナナマシュマロパイ

調理
約**10**分

1人分

エネルギー	166kcal
たんぱく質	2.3g
脂質	4.2g
糖質	28.8g
食物繊維量	1.1g
食塩相当量	0.0g

余った餃子の皮で作れるおやつ。出来立てはマシュマロがとろりと溶けてきておいしいです。中身がこぼれると焦げやすいので、口はぎゅっと閉じてくださいね。具はクリームチーズやいちごジャムなどアレンジ無限。たくさん作って、焼く前の状態で冷凍保存も可能。

材料（2人前）

バナナ	1本
マシュマロ	4個
ぎょうざの皮（大判）	8枚
バター（食塩不使用）	10g

作り方

1. バナナは小さめの角切りにする。マシュマロは2等分に切る。

2. **1**を1/8量ずつぎょうざの皮で包む。

3. フライパンにバターを熱し、**2**を両面弱火で焼く。

牛乳もち

冷やし時間を除く

調理
約**10**分

1人分	
エネルギー	158kcal
たんぱく質	4.4g
脂質	4.4g
糖質	26.1g
食物繊維量	1.3g
食塩相当量	0.1g

初めはなかなか固まらないように感じるかもしれませんが、時間が経つと一気に固まり始めます。火をつけたら絶えず全体をかき回すようにしてください。固まり始めたときに慌てないよう、小さいフライパンをおすすめします。牛乳は無調整豆乳で作ってもまたおいしい！

材料（2人前）

- ★牛乳……………………200ml
- ★片栗粉…………………大さじ2
- ★砂糖……………………大さじ1
- ○黒蜜……………………大さじ1
- ○きな粉…………………小さじ4
- ○砂糖……………………小さじ2

作り方

1. フライパンに★を入れてよく混ぜる。

2. ダマがなくなったら、中火にかけ、手を休めずにひとまとまりになるまで練り混ぜる。

3. ひとまとまりになったら保存容器に移して冷やし固める。食べやすい大きさに切り、○をかける。

混ぜていて重さを感じるところまで加熱を。加熱不十分だとまとまらないので、そうなったら凍らせてアイスに！

プルーンアイス

冷やし時間を除く

調理
約**10**分

1人分	
エネルギー	236kcal
たんぱく質	2.6g
脂質	15.9g
糖質	17.2g
食物繊維量	2.5g
食塩相当量	0.1g

密閉保存袋一つで作れちゃうので、子どもと一緒に作るのもおすすめの一品。お酒を使っていないのに、出来上がりはなぜかラムレーズンのような風味があります。くるみのザクザク感とヨーグルトの酸味がアクセントです。

材料（2人前）

プレーンヨーグルト（無糖）…50g
生クリーム………………………50g
ドライプルーン…………………30g
砂糖………………………………20g
くるみ……………………………15g

作り方

1. 密閉保存袋にすべての材料を入れ、プルーンとくるみをつぶしながら全体を揉み込む。

2. 保存容器に入れて冷凍庫に移し、30分おきに混ぜる。3回混ぜるのを繰り返しながら冷やし固める。

揚げない大学いも

調理 約15分	エネルギー	223kcal
	たんぱく質	1.8g
	脂質	9.3g
	糖質	32.4g
	食物繊維量	3.6g
	食塩相当量	0.1g

油の後処理もいらない、たっぷりのお砂糖も不要。さつまいもをじっくり加熱することで、生のサツマイモには含まれない麦芽糖という甘みを引き出します。さつまいも自体が甘いから、少しのお砂糖でも驚くほど甘い。じっくり加熱するのがポイントです。

材料（2人前）

さつまいも……………………1本（200g）
油……………………………大さじ1
★砂糖………………………大さじ1
★黒いりごま………………大さじ1
★水…………………………大さじ1

作り方

1. さつまいもは、皮ごと乱切りにし、表面をさっと洗い流す。

2. 冷たいフライパンに水気を拭いた**1**と油を入れて絡め、中弱火で揚げ焼きにする。

3. ときどき返しながら竹串がスッと刺さるまで加熱し、★を加えて飴状になるまで弱火で転がす。

メープルかぼちゃプリン

冷やし時間を除く
調理
約**15**分

1人分	
エネルギー	200kcal
たんぱく質	5.3g
脂質	4.4g
糖質	21.4g
食物繊維量	2.5g
食塩相当量	0.2g

かぼちゃに豊富に含まれるβ-カロテン。必要量だけ体内でビタミンAに変換され、免疫力アップを期待できます。ホイルをかぶせるのは、ふたから落ちた水滴が入るのを防ぐため。ぴっちりと密着させてね。メープルシロップの代わりにはちみつやキャラメルソースでも。

材料（2人前）

かぼちゃ	正味 80g
牛乳	100ml
卵	1 個
砂糖	大さじ 3
メープルシロップ	大さじ 2

作り方

1. かぼちゃは皮をむき、一口大に切る。

2. フライパンにかぼちゃと、かぼちゃがかぶるくらいの水を入れ中火ですっと串が通るくらいまでゆでる（目安は6分ほど）。

3. かぼちゃの粗熱が取れたら、メープルシロップ以外のすべての材料を混ぜ合わせ、ざるなどで濾す。

4. 耐熱容器に入れてアルミホイルでふたをする。水を2cmほど張ったフライパンや鍋に入れ、弱火で10分蒸す。

5. 余熱で5分置き、粗熱が取れたら冷やし、仕上げにメープルシロップをかける。

耐熱容器の底が直接フライパンに当たらないように、蒸し器やザルをしいて。お湯が少なくなったら適宜足して。

おわりに

二人目の子どもの育休中、突然勤務先の保育園から「閉園が決まりました」という電話があり、私は職を失いました。まったく寝耳に水の話で、当時はとてもショックでした。そうなったら、子どもが幼稚園に入るまでは育児に専念しようか、などと考えもしました。けれどその頃はちょうどコロナ禍まっただ中……。公園にも児童館にも誰もいない、友人とも会えない。社会とのつながりをなくしてしまった私は、娘のお昼寝時間を使い、備忘録としてSNSで自分のレシピを投稿することにしました。

mixi以降のSNSをほとんど知らなかった私ですが、フォロワーさんから

「いつもは食べない野菜を子どもがバクバク食べて驚きでした」
「味見の段階で思わず完食しそうでした！」
「なつかしい味付けに、子どもだけじゃなく夫も喜んでいました」

などなどコメントをお寄せいただけるようになりました。そこは私が想像していたSNSの世界よりも優しく、とても平和な場所だということに驚きと感動を覚えました。
その後はSNS以外の場所でも、食品・調理器具メーカーさんとのタイアップ仕事、レシピの連載、専門学校の先生などもさせていただきました。
そして自分としては、再就職までの期間限定レシピ投稿のつもりが、気付けばこうやってレシピ本の出版までたどり着くことができました。

InstagramをはじめとするSNSで計28万人を超えるフォロワーの皆様、「いつもおいしいね！」「これは好きじゃない！」いつもまっすぐに感想を言ってくれた園児たち、先輩栄養士さんや調理師さんたち、撮影、編集に携わってくださった多くの皆様。ご縁には感謝してもしきれません。

そして、この本を手に取ってくださった読者の方々、毎日のごはんの「おいしく・手軽に・栄養を！」に、少しでもお役立ていただけますと幸いです。

さくらい ゆか

さくらい ゆか

管理栄養士。漢方認定講師®・薬膳セ
ラピー認定講師®。保育園で給食の先
生として約7年勤務。勤務先の閉園を
きっかけにSNSで料理の発信を始め、
2023年12月現在、総フォロワー数は
25万人を超える。2児の母で4人家族。
オリジナル献立の配信サービス「今月
のばんごはん」も運営中。

Instagram

[Staff]
デザイン　　中野由貴
撮影　　　　佐々木美果
編集　　　　松島由佳（コサエルワーク）　須川奈津江
調理補助　　伊藤ひとみ(en's life)

[参考文献]
「日本人の食事摂取基準（2020年版）」
J-STAGE　「無水調理によるブロッコリーのミネラル・ビタミンの変動」
https://www.jstage.jst.go.jp/article/seikatsueisei1957/42/5/42_5_183/_pdf/-char/ja
高橋書店『新しい栄養学』

元・給食の先生がおしえる
ワンパン健康食堂

2024年1月31日　第1刷発行

著　者　　さくらい ゆか
発行人　　蓮見清一
発行所　　株式会社宝島社
　　　　　〒102-8388
　　　　　東京都千代田区一番町25番地
　　　　　電話：（編集）03-3239-0928
　　　　　　　　（営業）03-3234-4621
　　　　　https://tkj.jp

印刷・製本　サンケイ総合印刷株式会社